U0521678

The Visual MBA

Two Years of Business School Packed into One Priceless Book of Pure Awesomeness

[美]贾森·巴伦（Jason Barron）著　陈劲 毕占天 董颖 译

图书在版编目（CIP）数据

看图学 MBA / （美）贾森·巴伦著；陈劲，毕占天，董颖译 . -- 北京：中信出版社，2024.7
书名原文：The Visual MBA: Two Years of Business School Packed into One Priceless Book of Pure Awesomeness
ISBN 978-7-5217-6660-8

Ⅰ. ①看… Ⅱ. ①贾… ②陈… ③毕… ④董… Ⅲ. ①工商行政管理－图解 Ⅳ. ① F203.9-64

中国国家版本馆 CIP 数据核字（2024）第 109764 号

THE VISUAL MBA: Two Years of Business School Packed into One Priceless Book of Pure
Awesomeness by Jason Barron Copyright © 2019 by Jason Barron Published by arrangement
with Houghton Mifflin Harcourt Publishing Company through Bardon-Chinese Media Agency
Simplified Chinese translation copyright © 2024 by CITIC Press Corporation
ALL RIGHTS RESERVED
本书仅限中国大陆地区发行销售

看图学 MBA
著者：　　［美］贾森·巴伦
译者：　　陈劲　毕占天　董颖
出版发行：中信出版集团股份有限公司
　　　　　（北京市朝阳区东三环北路 27 号嘉铭中心　邮编　100020）
承印者：　北京瑞禾彩色印刷有限公司

开本：880mm×1230mm 1/32　　　印张：6.5　　字数：167 千字
版次：2024 年 7 月第 1 版　　　　印次：2024 年 7 月第 1 次印刷
京权图字：01-2020-5209　　　　　书号：ISBN 978-7-5217-6660-8
　　　　　　　　　　　　　　　　定价：69.00 元

版权所有·侵权必究
如有印刷、装订问题，本公司负责调换。
服务热线：400-600-8099
投稿邮箱：author@citicpub.com

致杰基、乔希、詹姆斯、乔纳、乔西和朱妮

（我的整个世界）

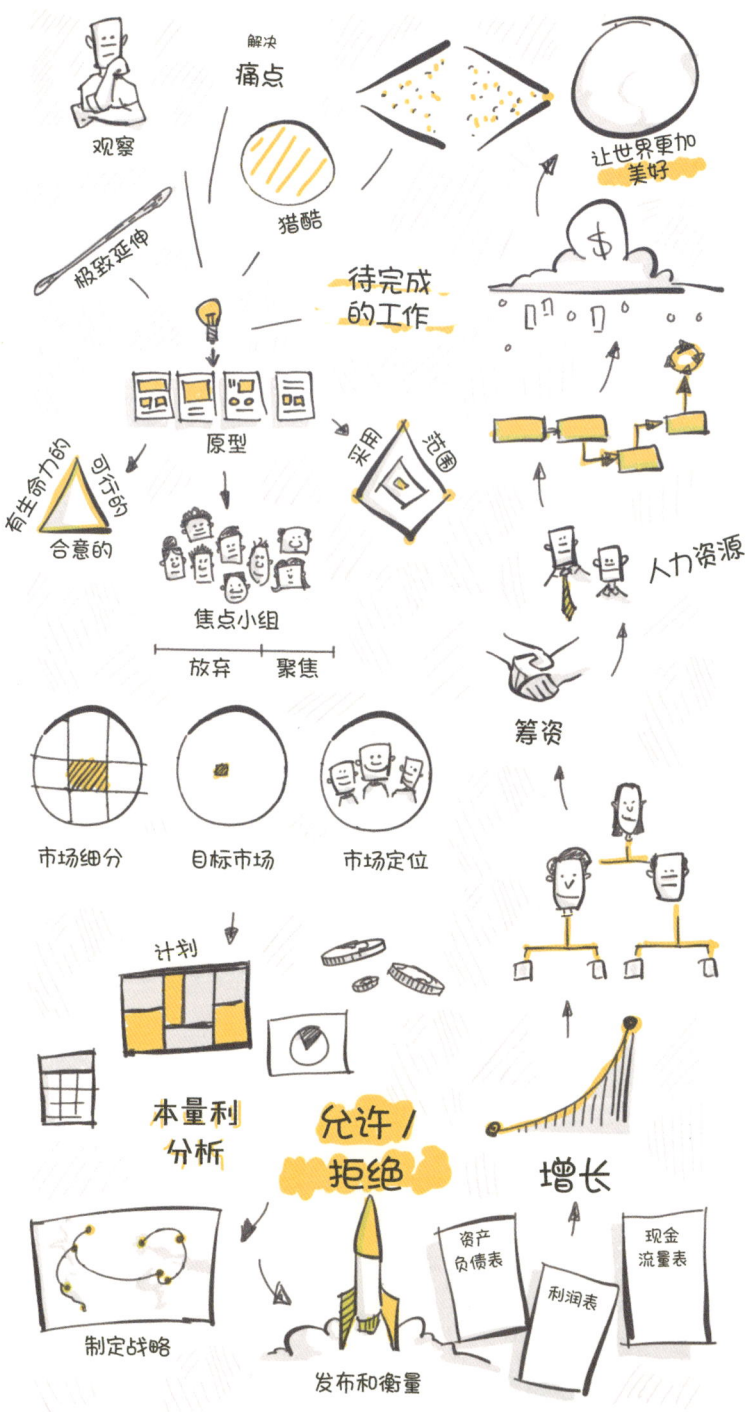

目录

前言·Ⅲ

引言·Ⅴ

第一章
领导力·1

第二章
企业财务报告·11

第三章
创业管理·23

第四章
管理会计·33

第五章
商业金融·39

第六章
市场营销·45

第七章
运营管理·55

第八章
战略性人力资源管理·61

第九章
商务谈判·69

第十章
战略·77

第十一章
商业道德・89

第十二章
创业融资・95

第十三章
判断与决策・109

第十四章
总经理的角色・119

第十五章
战略思维・133

第十六章
创造与创新・141

第十七章
初创企业营销要点・153

第十八章
绩效与激励・169

第十九章
全球管理・177

第二十章
综合运用・183

结束语・189

参考文献・191

致谢・197

前言

简而言之，这是一本以图文并茂的形式呈现长达两年的商学院课程的书。

让我们面对现实吧，专家告诉我们，60%的人是视觉学习者。除此之外，100%的人都不愿意读无聊的东西。现在，有了这本书，你可以更快地理解、更好地吸收，并更快地回忆起你在攻读MBA（工商管理硕士）时学到的最重要和最有用的观点。

简单介绍一下书中的插图。几年前，迈克·罗笛创造了"视觉笔记"这个术语，从那时起，我就一直是他的粉丝。与其做大量的、连自己都不会再读的线性笔记，我觉得简单地用视觉方式捕捉要点会创造出更有趣、更有用的资源供以后使用。俗话说得好，百闻不如一见，画意能达万言。

在学习MBA之初，我有一个疯狂的目标，即尝试在整个项目中创建视觉笔记。结果，出乎意料的事情发生了。我很惊讶地发现，在这个充满了极其聪明的人（都比我聪明）的班级里，大家对我的视觉笔记有如此浓厚的兴趣。

　　现在，呈现在你面前的就是我在杨百翰大学万豪商学院学习时所有视觉笔记的最终版。我在创作这本书时，充分考虑到了各个层面的读者，无论你是否上过商学院，还是正在攻读 MBA 课程，都可以无障碍地阅读这本书。书中每一章都以传统的商学院课程为基础，涵盖各种概念，并附有书面叙述，以帮助你更好地理解这一切。

　　你可以随心所欲地浏览、跳转或深入阅读这些内容。唯一的规则是要享受乐趣，有好奇心，并且自己去探索。这样做后，你将收获惊喜。

　　现在，坐下来，放轻松，享受所有知识浸入你（天才）大脑的乐趣吧。

引言

你很聪明：我花了 86 个上课日，忍受了 516 个小时的各种讲座，完成了堆积如山的家庭作业，支付了数万美元的学费后才获得的知识，你可以在自己舒适的家中以极低的成本从这本书中得到。这真是一个不错的商业决策。

我叫贾森·巴伦，是一名设计师。我一直在涂鸦，即使是在不应该涂鸦的时候——比如小时候在课堂上。一晃 20 年过去了，我旧习未改。不过，当我从排名前 40 的杨百翰大学商学院获得 MBA 学位时，我决定将我一生的涂鸦习惯付诸实践。

每节课我都会把教授讲的内容速写下来，包括课堂上和阅读作业中的关键思想。我会抓住授课内容的精髓，然后将复杂的知识提炼为简化的概念。

最终的成果就是这本比黄金更有价值的书。它是一只不断以纸页形式生出金蛋的"鹅"，能为你节省无数的时间，而你可以以一种有趣、快速、令人难忘的方式读完它。

准备好变聪明了吗？让我们开始吧！

第一章
领导力

领导力不仅仅是管理，它关乎通过你是谁以及你如何激励他人来激发改变和改进结果。

基本原则 [1]

战略
创造未来愿景，为公司的持续成功定位

执行
建立组织系统，以实现基于战略的结果

人才管理
激励、吸引并与员工沟通

人才培养
培养员工成为未来的领导者

个人能力
诚信行事，运用社交智慧和情商，做出大胆的决策，建立信任

第一章 领导力

你的 **领导力品牌** 是什么?

当人们看到你时,他们对你有什么想法或感觉?这就是你的品牌。

5 个步骤
建立品牌
获取结果[2]

（1）确定你想在未来的 12 个月内取得的结果

切记要把你的客户、投资者、员工和整个组织的利益考虑在内。

（2）决定你想以什么而闻名

看看你的结果，你希望别人如何看待你？挑选 6 个你希望人们用来描述你的词，例如：谦逊、乐观、敬业等。

（3）先组合，再定义

将你的 6 个描述词两两组合成 3 个短语，例如：谦逊乐观、无私奉献等。

（4）创建你的领导力品牌声明并进行测试

我想以 3 个短语为人所知，这样我就能传递_____。

然后问："这最能代表我吗？""它能为我的利益相关者创造价值吗？""是否存在任何风险？"

（5）让它成为现实

与他人分享你的品牌，并询问他们是否认为这符合你的真实行为，然后做出调整。最重要的是，你的品牌是一个承诺，所以让它成为现实并兑现。

第一章 领导力

7秒钟
决定第一印象[3]

① 预先调整态度

② 调整姿态

③ 微笑

④ 眼神交流

⑤ 扬起眉毛

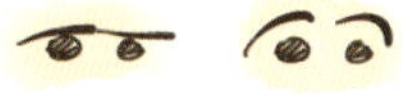

⑥ 握手

⑦ 靠近

让你的员工从无所事事转变为拥有自主权、主人翁精神和目标。[4] 给他们发挥创造力的自由,让他们做擅长的工作,并明确工作目标。

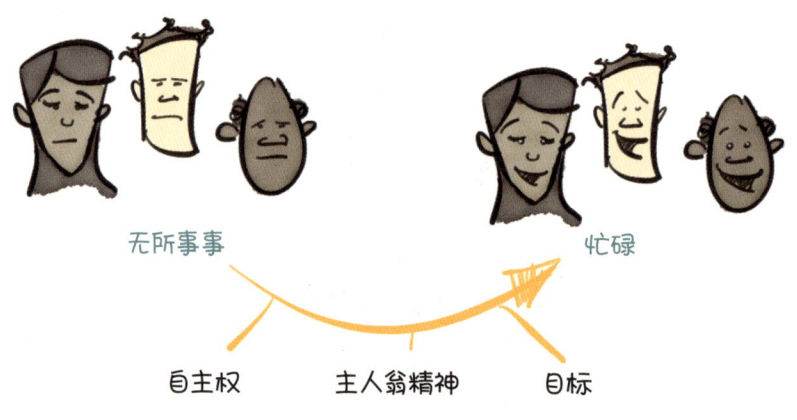

要想在工作中获得快乐,需要直击靶心,在能力(真正擅长某件事)、激情(还用说吗)和机会(有市场需求)之间取得平衡。

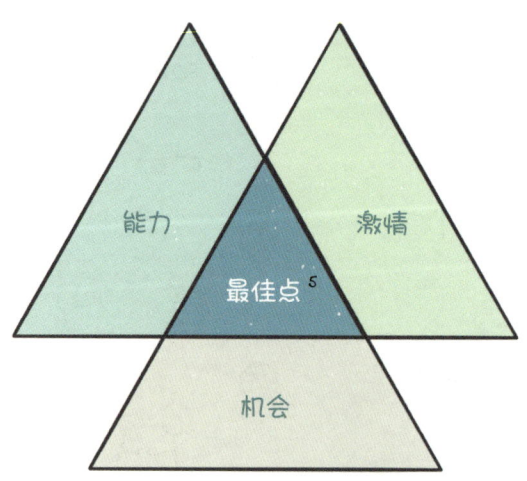

第一章 领导力

这个地方的"味道"如何？⁶

虽然改变人很难，但没有什么比改变环境更能改变人的了。环境进而塑造了文化。

环顾四周。员工工作的地方"味道"如何？是否通风？是否合规？是否安静？是否有隔间将人与人隔开？是否死气沉沉？这就是企业的文化。改变这些，人们就会随着文化的改变而改变。

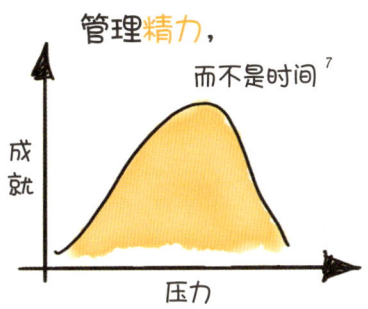

压力有助于提升工作绩效，但也会导致绩效下降。确保员工得到休息、锻炼和放松，以优化其工作表现。

团队绩效的4C

① 环境（context）
什么是环境？
基调是什么？

回报

环境包括奖励制度、目标、文化、基调及团队的工作环境。

② 人员组成（composition）
技能和个性

人员组成包括团队中的成员及其完成工作所需的技能和个性。因此，聘用与团队相匹配的成员至关重要。

第一章 领导力

 能力（competencies）
目标设定与实现

　　能力是指拥有合适的人员，他们的综合技能能够解决问题，即设定正确的目标，并利用团队的技能来实现目标。

 变化（change）
适应性

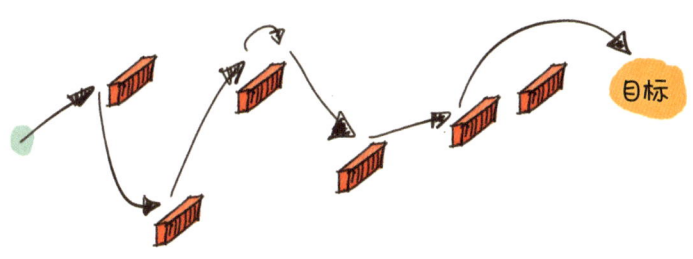

　　变化是指团队在朝着目标努力的同时适应快速变化的环境的能力。

9

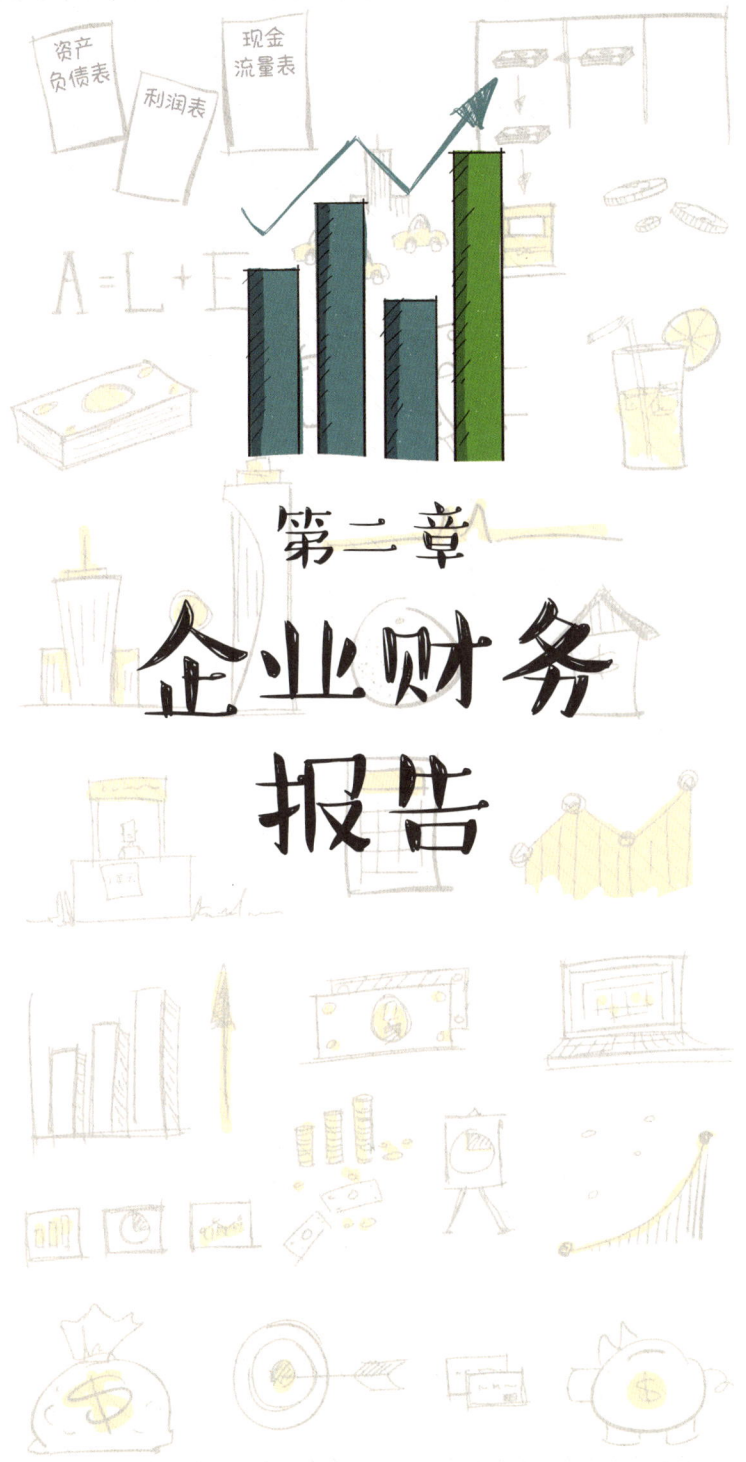

第二章 企业财务报告

会计是商业的语言,只有持续记录公司的经营状况,我们才知道如何改进它。本章的所有内容都围绕着会计的三大财务报表展开。

假设你是一个柠檬水摊位的新任 CEO(首席执行官),你贷款了 50 美元(负债)来购买一些资产。你用 20 美元购买了一个摊位,还剩下 30 美元。

资产负债表
（资本净值表）

最终可简要列表如下：

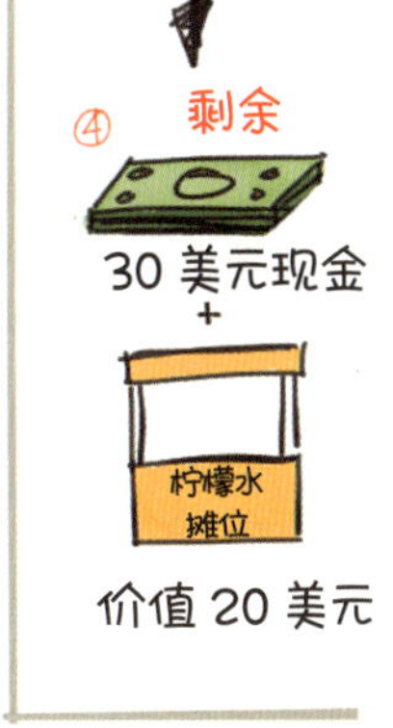

现在，在任何给定的时间点，你都有资产、负债和所有者权益。秘诀在于，资产＝负债＋所有者权益，这就是所谓的"会计等式"。你贷款了50美元（负债），用其中的20美元买了一个摊位（资产），还拥有30美元的现金（资产）。你有50美元的债务（负债）和50美元的资产。资产＝负债＋所有者权益（A＝L＋E）。

会计等式

你刚刚卖出了价值 90 美元的柠檬水,干得漂亮!你的资产负债表现在成了这样。

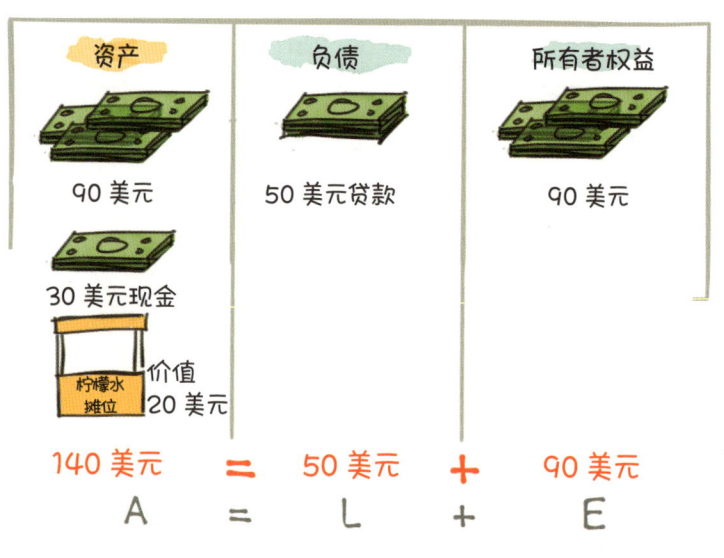

资产负债表是企业净值的即时快照,是企业净资产的良好指标。现在我们来看看利润表(又名损益表或收益表)。

第二章 企业财务报告

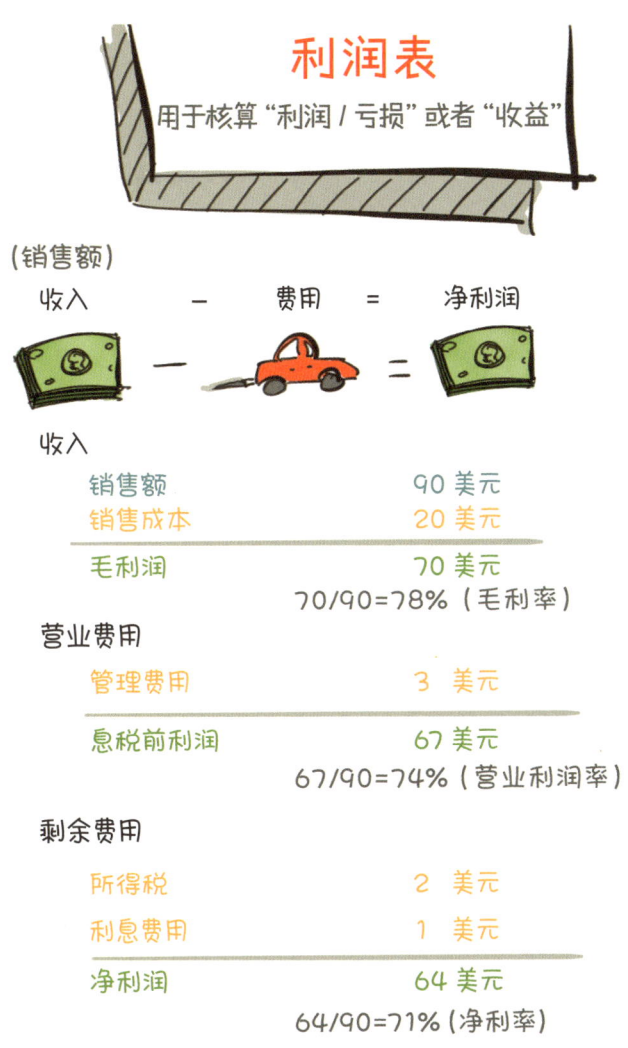

利润表
用于核算"利润/亏损"或者"收益"

收入 − 费用 = 净利润

收入
销售额	90 美元
销售成本	20 美元
毛利润	70 美元

70/90=78%（毛利率）

营业费用
管理费用	3 美元
息税前利润	67 美元

67/90=74%（营业利润率）

剩余费用
所得税	2 美元
利息费用	1 美元
净利润	64 美元

64/90=71%（净利率）

你卖了 90 美元，但杯子、糖和柠檬的成本是 20 美元，所以毛利润是 70 美元。你还必须支付一些管理费用。这样，你就有 67 美元的息税前利润（EBIT）。此外，还需要扣除利息和税金，因此你的净利润为 64 美元。

现金流量表

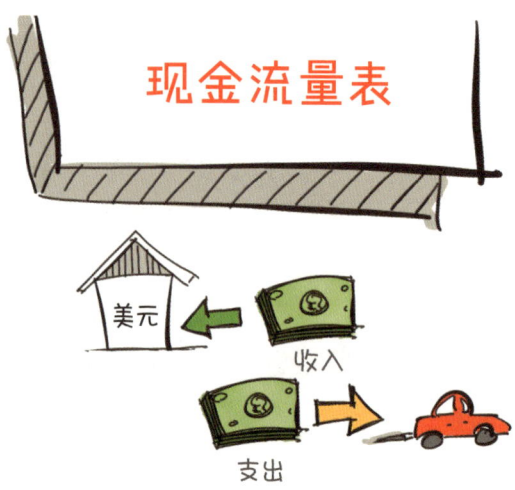

收入

支出

它们可以是：

① 经营活动
  + 货物销售
  − 库存采购
  − 工资支付
  − 其他

② 投资活动
  + 出售资产
  − 购买资产

③ 筹资活动
  + 发行股票
  + 借款
  − 支付贷款

经营活动产生的净现金是现金流量表的底线

现金是一种非生产性资产

使用它！
去购买资产

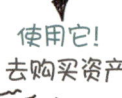

计划通常出现在危机处理过程中，但实际上，在危机出现之前，我们就应当做好计划

在危机出现之前

目标 → 计划 → 评估 → 调整

第二章 企业财务报告

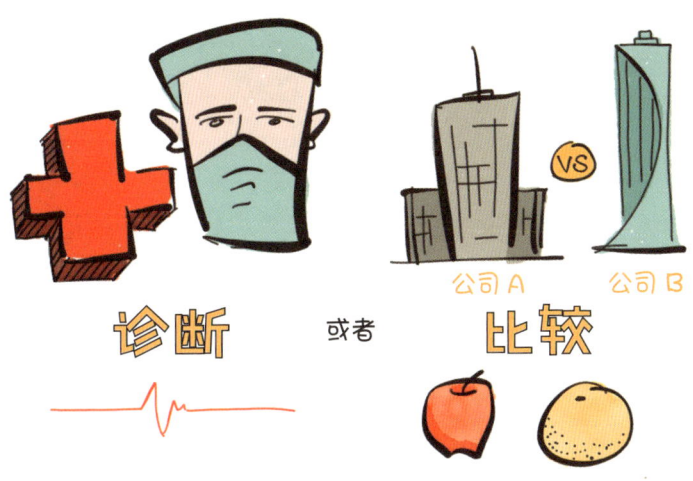

要想了解公司在一段时间内的经营状况,或者比较某一行业中的两家公司,通用财务报表是一种很好的方法。你只需将所有数据除以销售额,就能发现差异所在。

		第2年	第1年
收入			
销售额	90 美元	100%	67%
销售成本	20 美元	(22%)	(33%)
毛利润	70 美元	78%	33%
营业费用			
管理费用	3 美元	(3%)	(2%)
息税前利润	67 美元	74%	31%
剩余费用			
所得税	2 美元	(2%)	(1%)
利息费用	1 美元	(1%)	(1%)
净利润	64 美元	71%	28%

预 计

预计指的是"未来可能出现的情况",它是基于销售额增长的预测。看看你的财务报表,以及上面所有与销售额相关的内容。假设在这种情况下,销售成本(COGS)和管理费用都随着销售额的增加而增加。

如果销售额增长20%,那么净利润会是多少?请看上一页,销售成本占销售额的22%,管理费用占3%。当90美元增加20%(108美元)时,你就可以算出108美元的22%和3%(分别是销售成本和管理费用)是多少。

		预计
收入		
销售额	90美元	108美元
销售成本	20美元	23.76美元
毛利润	70美元	84.24美元
营业费用		
管理费用	3美元	3.24美元
息税前利润	67美元	81美元
剩余费用		
所得税	2美元	2美元
利息费用	1美元	1美元
净利润	64美元	78美元

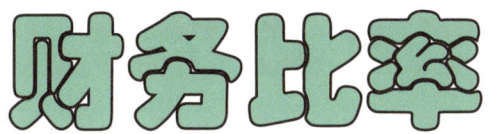

财务比率也是一个很好的工具,它可以帮助我们比较公司在一段时间内的经营状况,诊断其所有经营问题,还可用于了解某一行业中两家公司的对比情况。以下是一些最常见的比率。

产权比率

财务杠杆:有多少债务为资产提供资金。

负债总额 / 股东权益总额

流动比率

流动性:公司偿还短期债务的能力。比率越高,公司短期偿债能力越强。

流动资产 / 流动负债

净资产收益率

股东投入资金所产生的利润。

净利润 / 股东权益

净利率

将收入转化为利润的成本控制效率,数字越大越好。

净利润 / 净销售额

杜邦框架

这是一个组合等式,它显示了公司的一些优势和劣势,以及它们如何影响净资产收益率。

$$\text{净资产收益率} = \frac{\text{净利润}}{\text{销售额}} \times \frac{\text{销售额}}{\text{资产}} \times \frac{\text{资产}}{\text{股东权益}}$$

股份如何运作

在经营柠檬水摊之初,你确定总共有 100 股。后来,你找了一个商业伙伴,你们各自拥有 20 股。也就是说,你们都拥有公司 20% 的股份。假设公司现在市值为 204 美元,那么每股价值是多少?你们各自拥有多少资产?

公司市值:204 美元(净利润 64 美元 + 资产 140 美元)
204/100=2.04 美元/股

各自拥有

 20×2.04 =40.80 美元

第三章
创业管理

创业管理就是用未知的解决方案（创新）来解决未知的问题（痛点）。解决不确定性的关键在于发现痛点，而找到正确解决方案的关键在于试验。

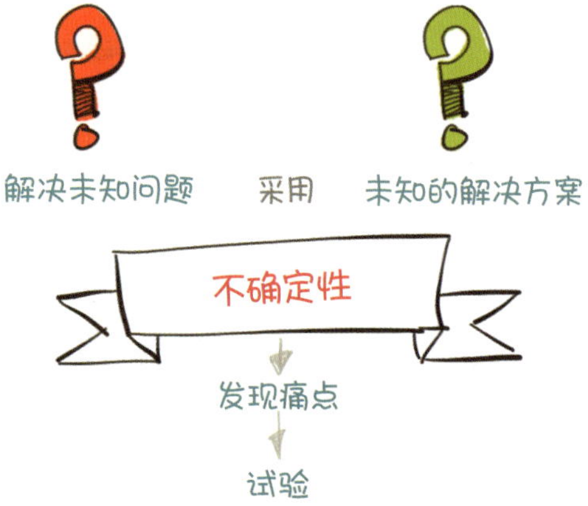

开明的试错胜过天才的计划。
——彼得·斯基尔曼

进行试验。从已知部分开始，然后弄清什么是未知的（问题或假设），进而设计试验、进行试验、学习，如此循环往复，直到获得成功的产品。

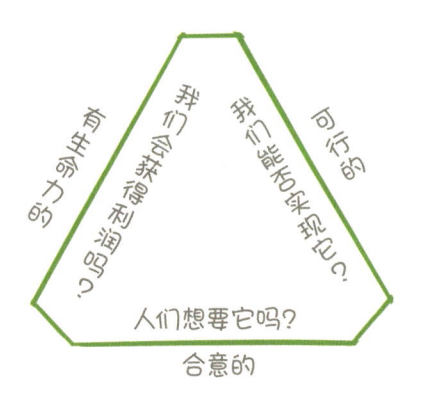

```
         可行的
    我    我们
    们    能
  有  会   实
  生  获   现
  命  得   它
  力  利   吗
  的  润   ?
      吗
      ?
      人们想要它吗?
          合意的
```

你的想法必须是合意的、可行的、有生命力的。[1] 如果缺少其中任何一项,产品一开始就会受到限制。

痛点是创新的基本要素。环顾四周,看看人们在没有产品的情况下创造出的临时解决方案。痛点层次越深,机会越大。

痛点

客户愿意花费时间或金钱来解决的任何问题或未满足的需求。

始终寻找　　　　深层次的痛点

产品要获得广泛采用，需要在定价、效益、易用性和易购性之间取得平衡。如果产品在所有这些方面都有优势，其采用率就会大得多。

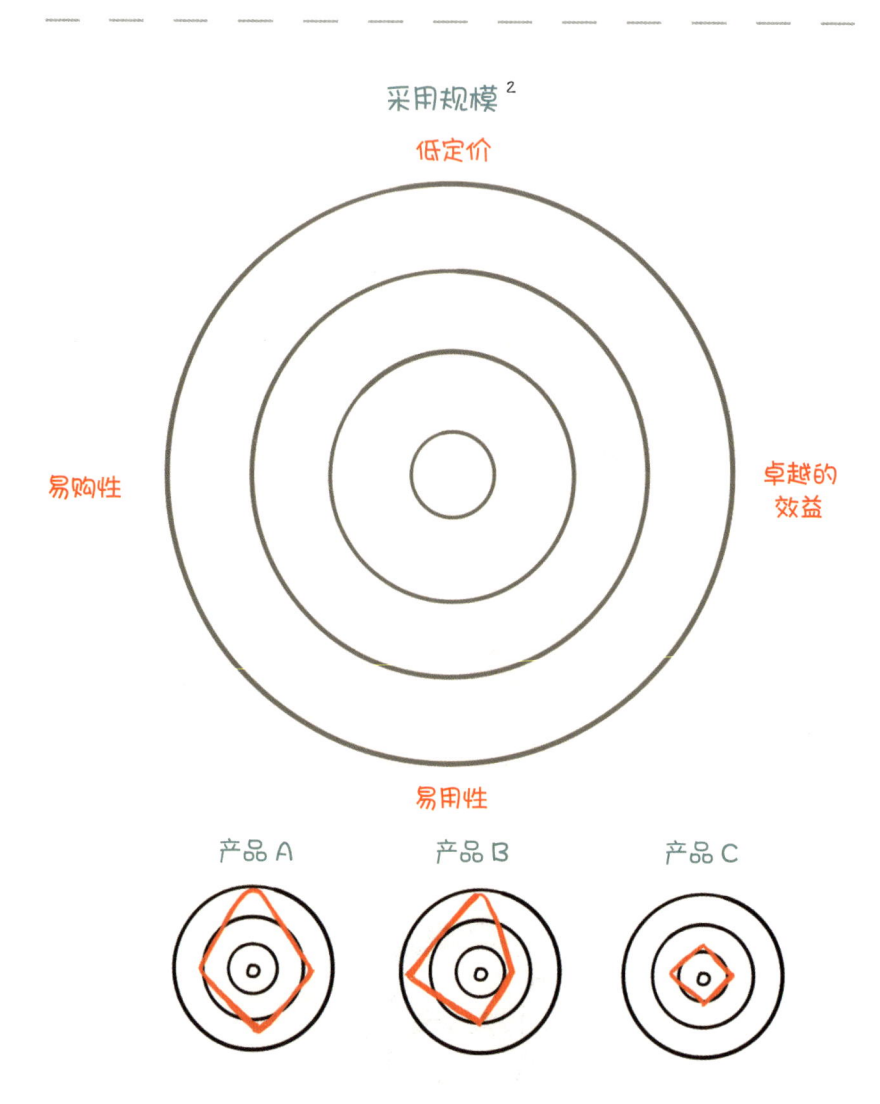

采用规模[2]

低定价

易购性　　　　　　　　　　　卓越的效益

易用性

产品 A　　　产品 B　　　产品 C

第三章 创业管理

至繁归于至简。
——史蒂夫·乔布斯

史蒂夫·乔布斯曾说道："当你开始研究一个问题时，它看起来非常简单，解决方案也很简单，可是现在你并没有真正了解这个问题的复杂性。直到当你尝试解决这个问题时，你才发现它真的很复杂……于是，你想出了所有你能想出的错综复杂的解决方案……然而，行百里者半九十，大多数人会在这里止步不前……但真正伟大的人会继续前进，直到找到解决问题的关键所在，发现问题的根本原理。然后，提出一个漂亮、简练、有效的解决方案。"[3]

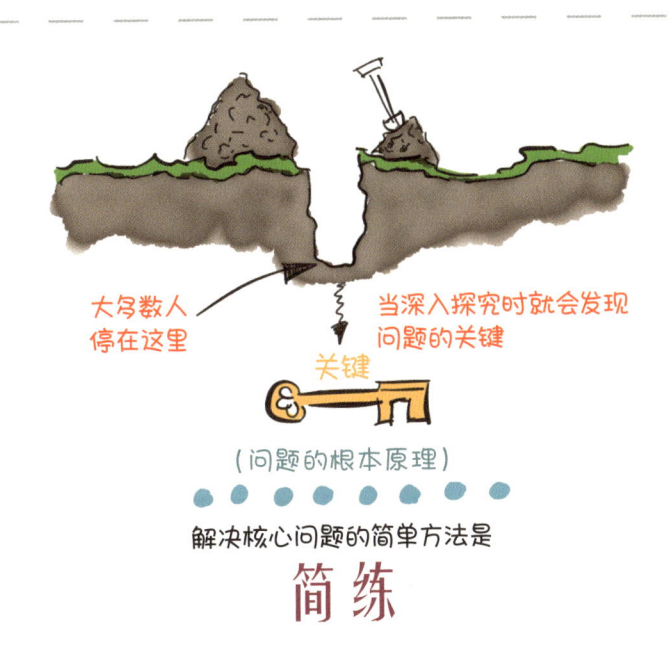

大多数人停在这里

当深入探究时就会发现问题的关键

关键

（问题的根本原理）

解决核心问题的简单方法是

简练

并非所有的痛点都值得解决

把精力花在盈利最多的事情上
(最大的山)

你可能有一个很棒的想法,但它并不是那么有利可图,也不是人们的重要痛点。尽可能在有利可图的领域,找到尚未解决的痛点。

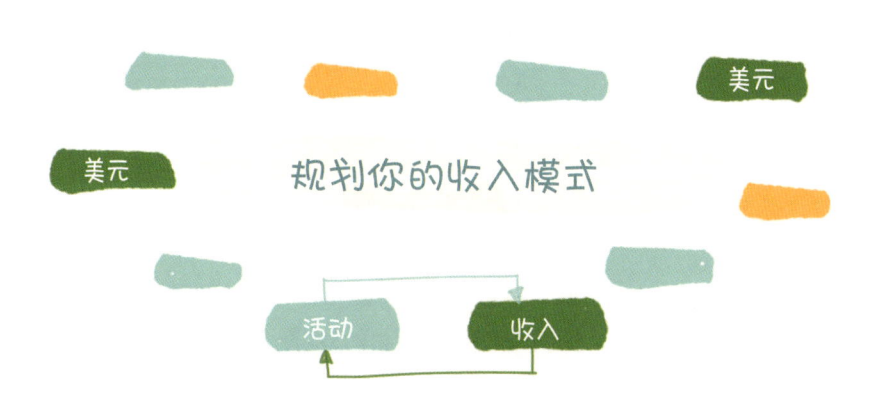

美元

美元　　规划你的收入模式

活动　收入

通过规划最大限度地增加收入。确定收入来自哪些活动和客户。此外，还要考虑减少获得收入的摩擦点。

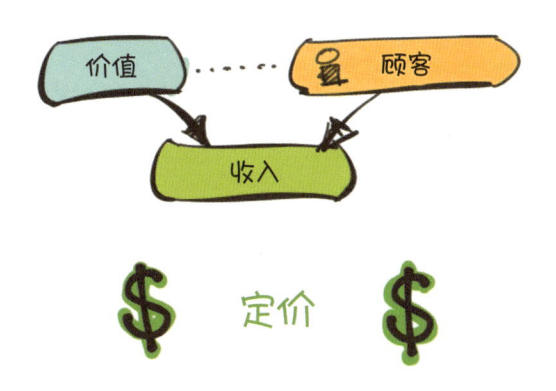

价值 ⋯⋯ 顾客
↓ ↓
收入

$ 定价 $

定价是创造新产品最关键的环节之一。定价太低，就会赔钱；定价过高，则会失去客户。诀窍在于找到恰到好处的定价方法。调查客户是确定合适价格的最佳方法之一。

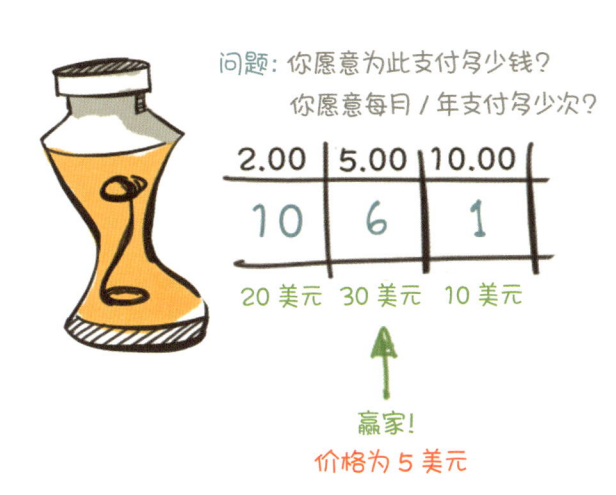

问题：你愿意为此支付多少钱？
你愿意每月/年支付多少次？

2.00	5.00	10.00
10	6	1
20 美元	30 美元	10 美元

↑
赢家！
价格为 5 美元

共情 → 定义 → 构思 → 原型 → 测试

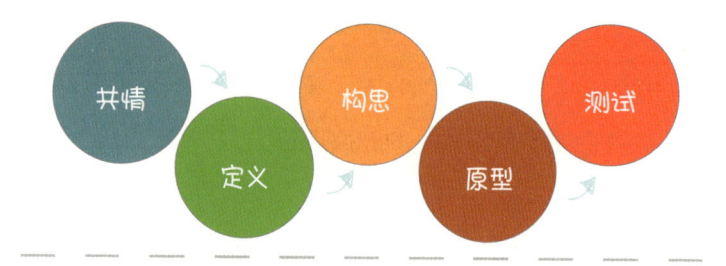

斯坦福大学设计学院提出了这个绝妙的创新过程,这是一种快速发现创新点并验证它们的方法。⁴

共情

当华特·迪士尼建造他的主题公园时,他会单膝跪地,从孩子的视角来观察公园。共情是了解客户的世界并打造满足其需求的产品或体验的关键第一步。

定义 示例:"我们怎样才能让那些在酷暑中修剪草坪的人松一口气?"

根据你通过共情了解到的情况,你要重点解决的问题是什么?起草一份可操作的问题陈述报告。

第三章 创业管理

构思

现在,带着你所获悉的知识和问题,开始构思。想法越多越好。

原型

将你的想法筛选出来,制作一个原型。你可以用胶带和纸来制作。这个原型只是用于验证你的想法,并与人们一起测试它,不需要太花哨。

测试

找一些符合你目标的人,测试你的原型,看看哪些想法行得通,哪些行不通。你从中学到了什么?带着这些收获,再次进行构思⇨原型⇨测试。

第四章
管理会计

不同于供外部（投资者等）使用的企业会计，管理会计是供内部使用的，它的作用是为决策提供信息。

固定成本 ·· 2 ·· **变动成本**

不随产量的增加而变化　　两种**成本**　　随生产水平的变化而变化

例如：租金 10 美元　　　　　　　　例如：食品成本因销售量增加而变化，每杯饮料 0.75 美元

固定成本和变动成本是有本质区别的，因此，我们要分别进行跟踪，不要将它们混为一谈。10 美元的租金是固定的，而卖出的柠檬水越多，成本（和利润）也会增加得越多。

CVP

成本 (cost)　销售量 (volume)　利润 (profit)

CVP 分析听起来复杂，其实很简单，我们只需用销售价格减去单位成本，然后乘以预计销售量。它可以帮助我们了解成本变化对营业收入和净收入的影响。

第四章 管理会计

收入（销售收入） － 变动成本 ＝ 边际贡献

"边际贡献"听起来也很复杂，其实它是销售收入减去"贡献"支付固定成本（在本例中是指柠檬水摊）后的单位余额。

假设柠檬水的售价为 1 美元，每杯柠檬水中糖和柠檬的成本为 0.75 美元。这样，我们就有 0.25 美元的利润，可以用来"贡献"支付 10 美元的固定房租成本。

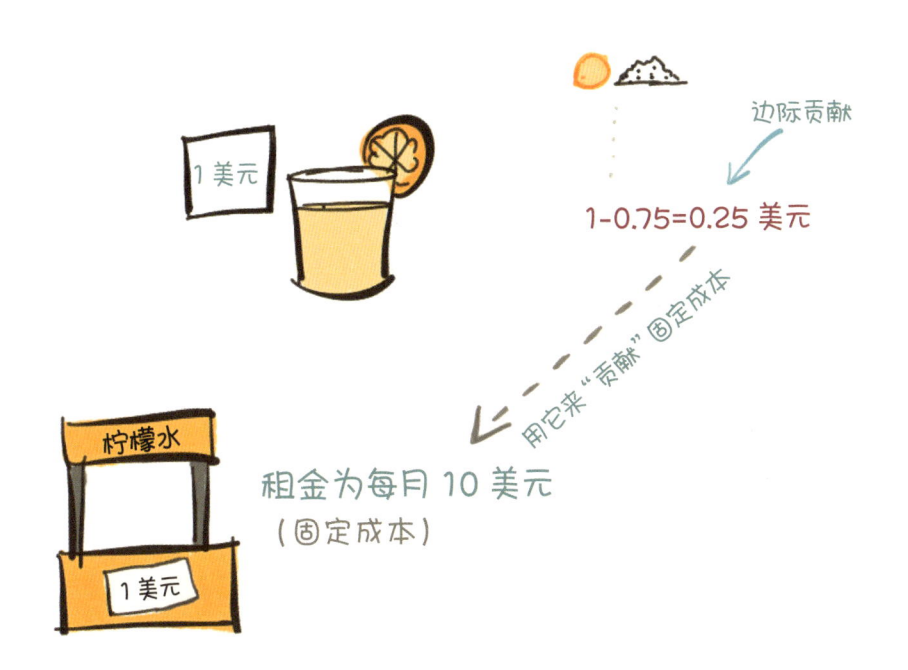

1 美元

边际贡献
1－0.75＝0.25 美元

用它来"贡献"固定成本

柠檬水
1 美元

租金为每月 10 美元
（固定成本）

接下来就很酷了。你在规划生意时会想:"哎呀,我的租金是10美元,柠檬水卖1美元,每卖1杯,我的利润是0.25美元,那我需要卖出多少杯才能付清房租?"

$$10/(1-0.75)=40\text{ 杯}$$

需要卖出40杯才能收支平衡

好,现在你开始行动了!如果你卖出了价值160美元的柠檬水,你的变动成本(单位成本乘以售出数量)就是120美元(0.75×160)。将剩余部分(40美元利润)用于支付固定成本后,你就获得了30美元的利润。就是这样!

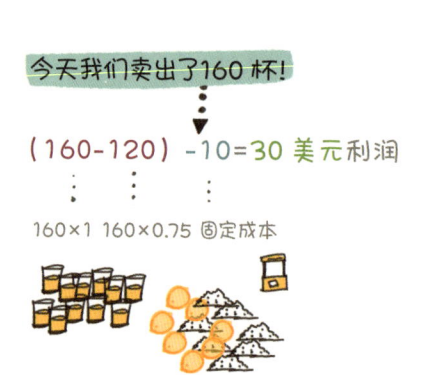

今天我们卖出了160杯!

(160−120)−10=30 美元利润

160×1　160×0.75　固定成本

目标

我想1个月赚1000美元

$$\frac{\text{固定成本}+\text{目标}}{\text{边际贡献}}$$

$$\frac{10+1000}{0.25}=4\,040\text{ 杯!}$$

ABC

基于活动的成本核算

电费 5 美元
维修费 2 美元 } 间接成本 8 美元
清洁费 1 美元
等等

使用基于活动的成本核算来了解间接成本

基于活动的成本核算对于了解企业在正常经营过程中产生的间接费用非常重要。分析这些成本有助于了解活动的实际成本,从而知道哪些活动值得继续开展。

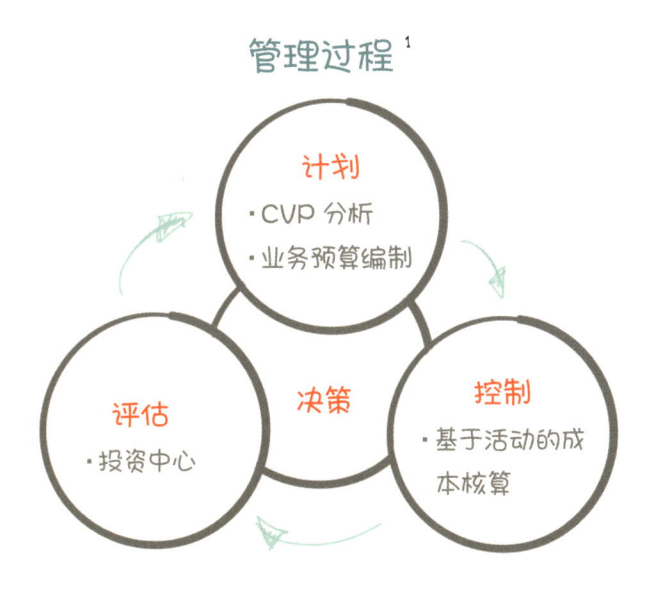

管理过程[1]

- **计划**
  - CVP 分析
  - 业务预算编制
- **评估**
  - 投资中心
- **决策**
- **控制**
  - 基于活动的成本核算

管理过程相当简单明了。计划、控制和评估可以为你的决策提供依据。

第五章
商业金融

定义

"稀缺金融资源的优化配置。"

国家 的 财富

(自然资源、劳动力、创新、金融资本)

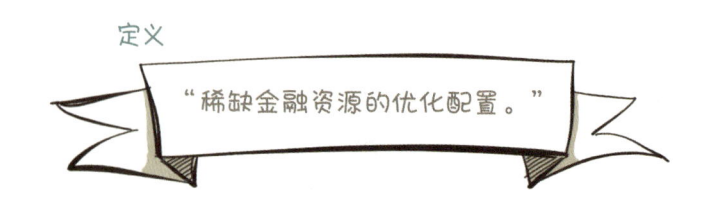

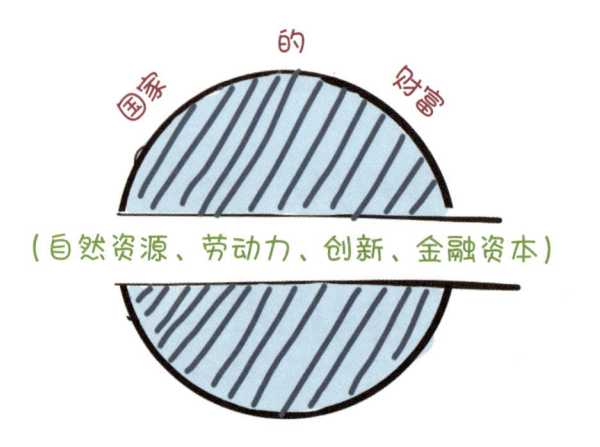

金融资本的次优采购、配置和分配导致经济中自然资源、劳动力和创新的次优使用。在本章,我们将重点关注最优配置。

最优配置

我们应该如何使用它?

① 去 / 不去的决定

② 资产购买与出售

③ 运营效率

第五章 商业金融

资金链

资本 → 购买 → 资产 → 制造 → 产品/服务 → 用于 → 销售 → 赚取 → 净收入

资金链以资本为起点，资本用于购买资产以制造产品，从而产生销售并增加净收入。财务比率有助于分析我们管理资金链的效率。

资产的**价值**由资产的**效用**决定

那么现金呢？

现金的**效用**是未来的现金流
现金放在银行里一文不值

所有产品和服务都受时间的影响。现金的效用是未来的现金流，而这些现金流是受时间影响的。现在的 100 美元与 5 年后相比，其价值会改变。接下来我们来看看如何计算货币的时间价值。

货币的时间价值

如果我承诺 **5 年后** 给你 1 000 美元，那么你**现在**愿意为此支付多少钱？

少于 1 000 美元，这是肯定的！

那么，到底是多少钱？

接下来的部分看起来很吓人，但其实对你来说是小菜一碟。光凭直觉你就可以知道，现在得到 1 000 美元和 5 年后得到 1 000 美元是不一样的，你可以用这笔现金做很多事情（投资股市等）。那么，5 年后的 1 000 美元现在到底值多少呢？

你可以将现金用于投资以获得回报，但也要注意考虑风险因素，以防钱打了水漂儿。"贴现率"（本例中为 4%，但也可以是你想要的任何比率）都计入了这些风险。

---

1. $$PV = \frac{CF_t}{(1+r)^t}$$

2. $$PV = \frac{1\,000}{(1+4\%)^5}$$

3. $$PV = 821.93 \text{ 美元}$$

我会给你 821.93 美元（它的价值）。
或者，如果你少给一些（700 美元），那么你将有正的净现值 121.93 美元。

让我们来分析一下这个数字是如何得来的。PV 是我们的计算目标（现值）。CFt 是指未来的总金额，所以应该是 1 000 美元。(1+r) 是 (1+4%)，t 是 5（5 年）。现在，你知道 5 年后的 1 000 美元值多少钱了。

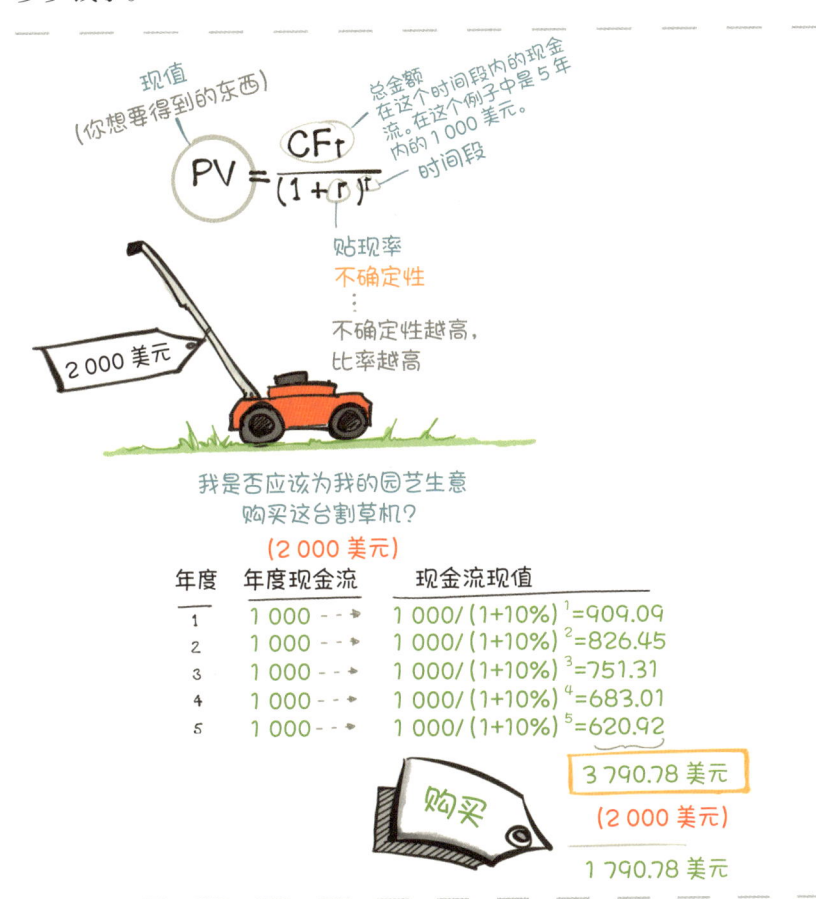

现值
(你想要得到的东西)

总金额
在这个时间段内的现金流。在这个例子中是 5 年内的 1 000 美元。

$$PV = \frac{CF_t}{(1+r)^t}$$

时间段

贴现率
不确定性
⋮
不确定性越高，比率越高

2 000 美元

我是否应该为我的园艺生意购买这台割草机？
(2 000 美元)

年度	年度现金流	现金流现值
1	1 000 --→	1 000/(1+10%)¹=909.09
2	1 000 --→	1 000/(1+10%)²=826.45
3	1 000 --→	1 000/(1+10%)³=751.31
4	1 000 --→	1 000/(1+10%)⁴=683.01
5	1 000 --→	1 000/(1+10%)⁵=620.92

购买

3 790.78 美元
(2 000 美元)
1 790.78 美元

有了这种能力，你就可以知道一台价值 2 000 美元的割草机是否真的值得投资，因为你可以根据它日后带来的现金流来判断。

第六章
市场营销

营销就是推广产品和服务。第一条规则——不要试图为所有人服务。先对市场进行细分，然后确定目标细分市场，再定位产品。

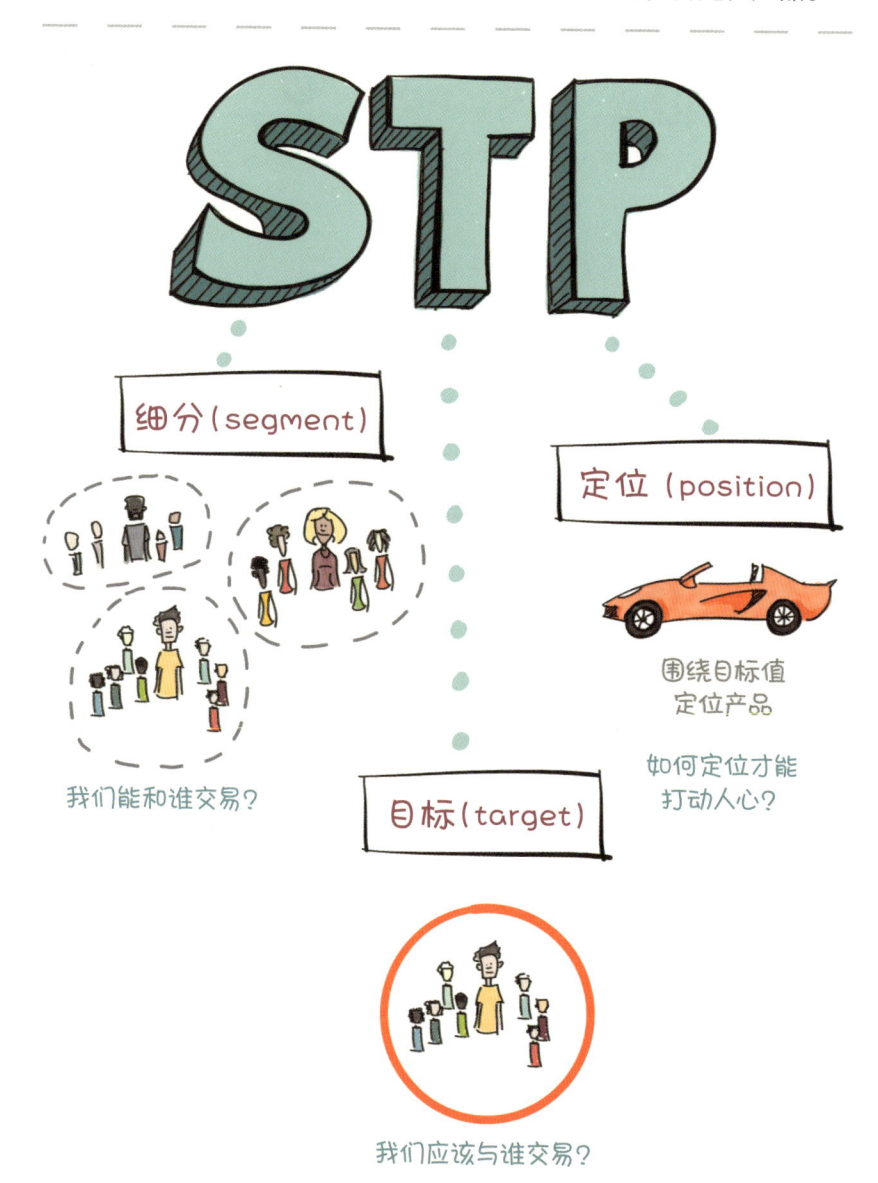

STP

细分（segment）

我们能和谁交易？

定位（position）

围绕目标值定位产品

如何定位才能打动人心？

目标（target）

我们应该与谁交易？

第六章 市场营销

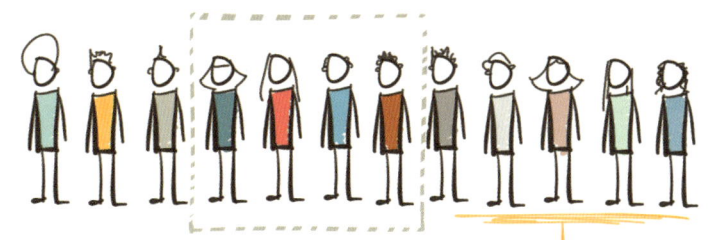

营销的盈利点在于细分市场

沃尔玛向所有人营销吗？
不
聚焦：寻求低价的购物者

我们不想卖给谁？
这个问题帮你完成70%

谁是你的客户，谁不是？

这是营销中最难的一步。我们想把产品卖给每一个人，但如果这样做，我们的产品信息就会被淡化，对任何人都没有吸引力。首先要明确你的目标客户是谁，然后再进行定位。

尽管我们希望全世界的人都成为我们的客户，但这是不可能的。所以，我们不妨这样进行细分和定位：先看潜在市场，再看有效市场。对市场进行细分，并锁定最有价值的潜在客户。

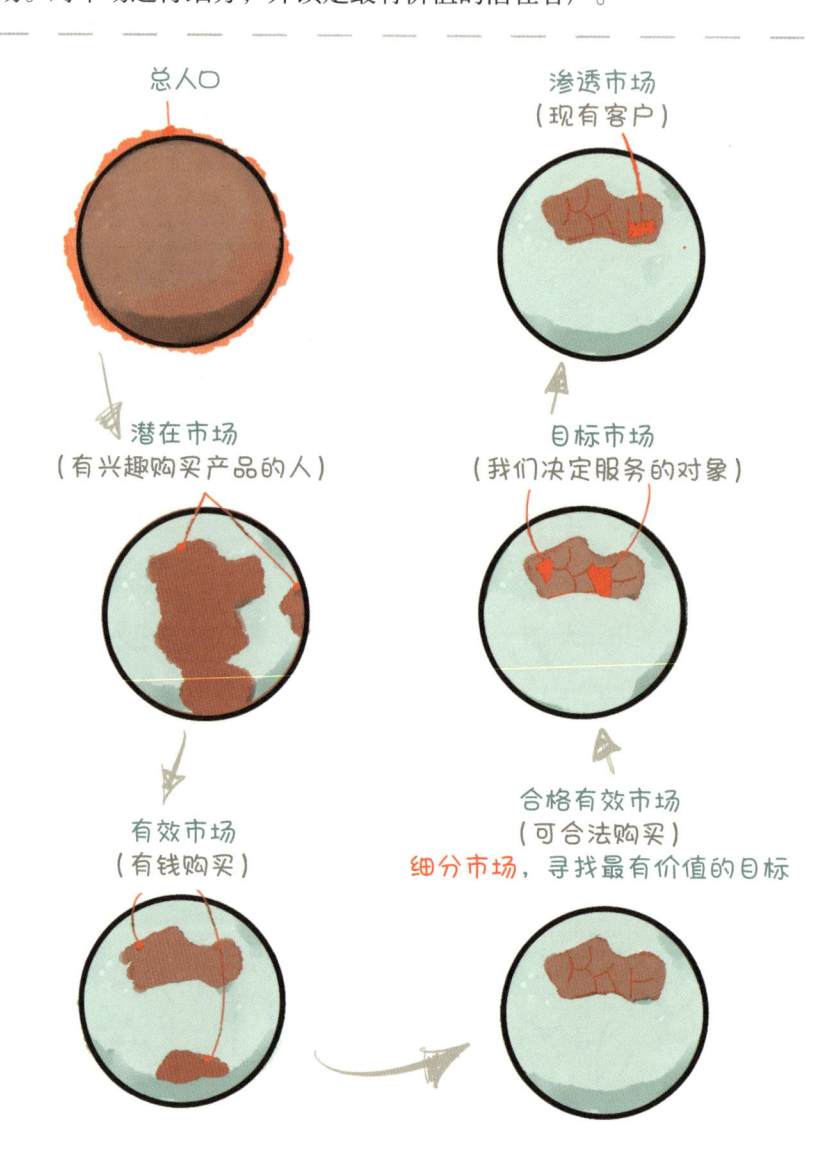

总人口

渗透市场
（现有客户）

潜在市场
（有兴趣购买产品的人）

目标市场
（我们决定服务的对象）

有效市场
（有钱购买）

合格有效市场
（可合法购买）

细分市场，寻找最有价值的目标

阶梯图是一个很好的工具，它可以帮助你勾勒出你的产品画像。你可以了解它是如何与你的目标客户联系在一起的，并决定如何利用它来制作营销素材。

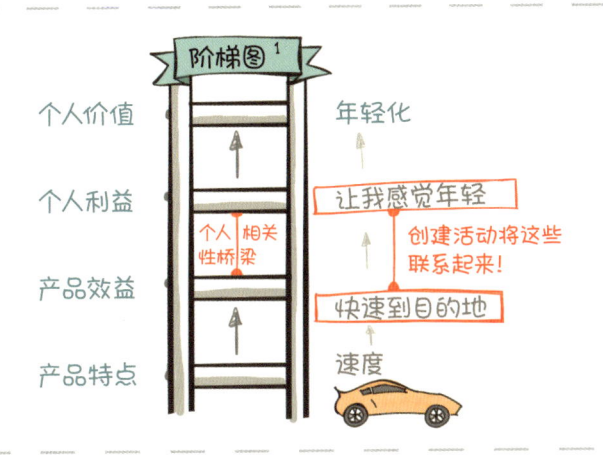

阶梯图[1]

- 个人价值 —— 年轻化
- 个人利益 —— 让我感觉年轻
- 产品效益 —— 快速到目的地
- 产品特点 —— 速度

个人相关性桥梁

创建活动将这些联系起来！

询问你的忠实粉丝他们喜欢产品的哪些方面（产品特点），为什么喜欢（产品效益），为什么这很重要（个人利益），以及这与高层次的个人价值有什么联系。产品和个人利益之间的联系是关键所在。

现在，你可以通过"热爱者群体"来定位你的营销素材，同时瞄准"犹豫不定者群体"来赢得新客户。

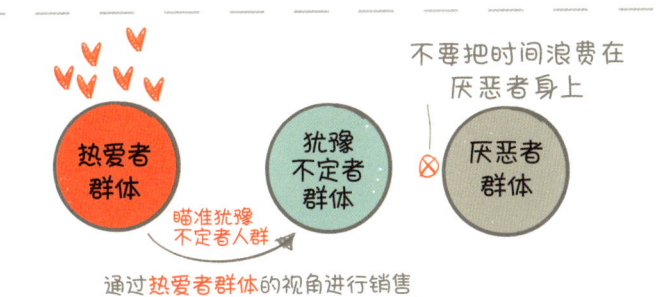

热爱者群体 → 犹豫不定者群体 ⊗ 厌恶者群体

不要把时间浪费在厌恶者身上

瞄准犹豫不定者人群

通过**热爱者群体**的视角进行销售

以柠檬水生意为例。在对部分热爱者群体进行访谈后,你会得到如下阶梯式"等级价值图"。当你注意到其中的回应模式时,你可以把相关内容的线条加粗,并把重点放在个人相关性桥梁上。

"你喜欢我们柠檬水的哪些方面?"

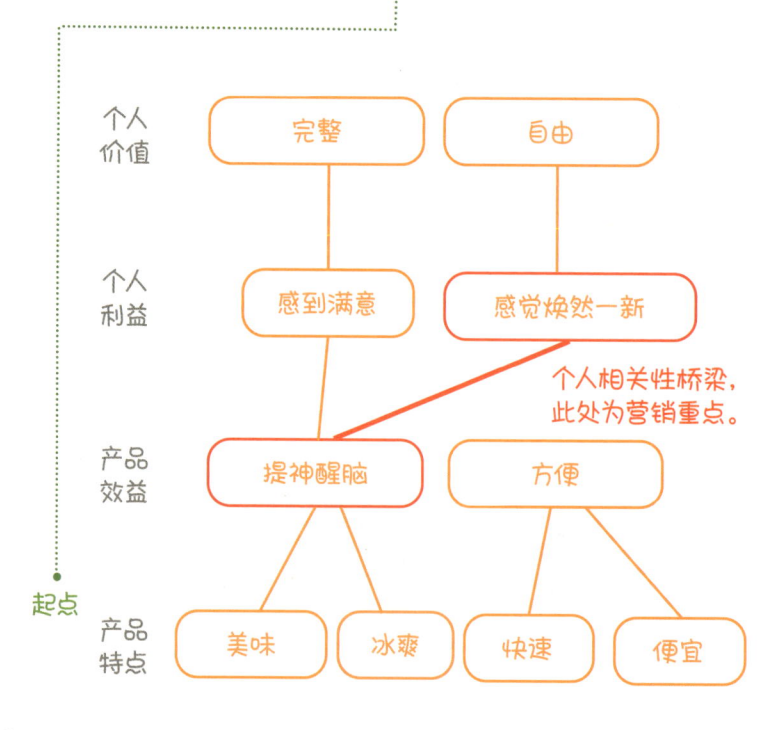

个人价值:完整 / 自由

个人利益:感到满意 / 感觉焕然一新

个人相关性桥梁,此处为营销重点。

产品效益:提神醒脑 / 方便

起点

产品特点:美味 / 冰爽 / 快速 / 便宜

第六章 市场营销

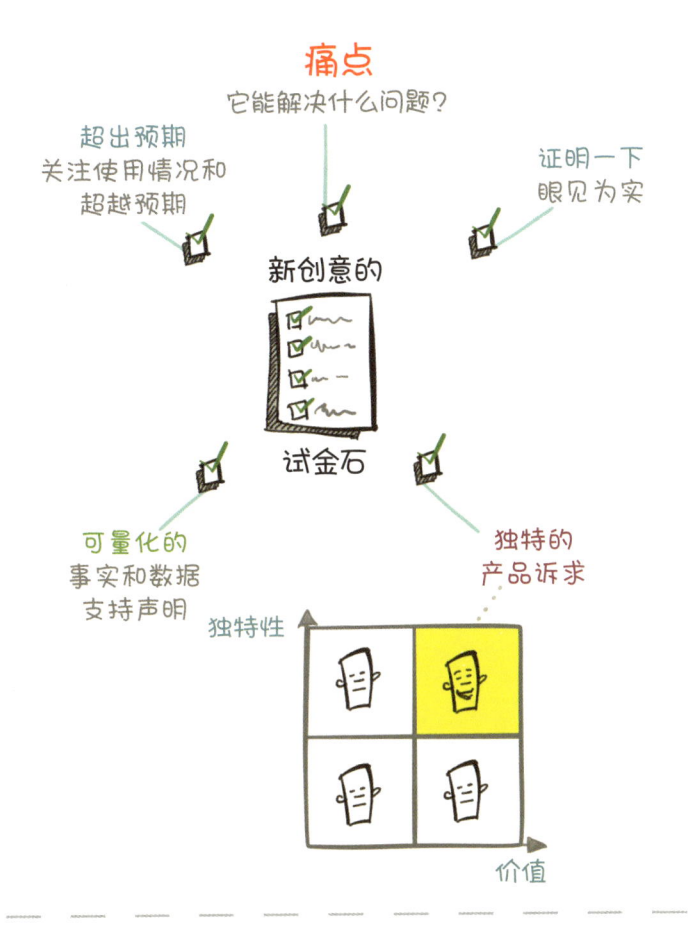

痛点
它能解决什么问题？

超出预期
关注使用情况和超越预期

证明一下
眼见为实

新创意的

试金石

可量化的
事实和数据支持声明

独特的产品诉求

独特性 / 价值

当你研究和营销新创意时，请确保你能通过上述试金石测试。你拥有的这些维度越多，你的角度就越鲜明。此外，询问人们是否会购买以及愿意以什么价格购买产品，是判断一个创意好坏的好方法。

问

"如果用1~10来打分，你有多大可能性买这个产品？"

只要打分超过 **7.5** 分，就有可能让人惊叹

看图学 MBA

品牌

通过**接触点**形成的
印象总和

网站　广告　电子邮件　客户服务

通过管理**接触点**
打造品牌

　　品牌不是标识、图形或口号，这些东西当然都有助于人们熟悉品牌，但品牌的内涵还要深得多——给客户留下了什么印象？与客户的接触点是什么？

3个品牌塑造要点

① 与消费者产生**共鸣**
② **区别**于竞争对手
③ **激励**员工

第六章 市场营销

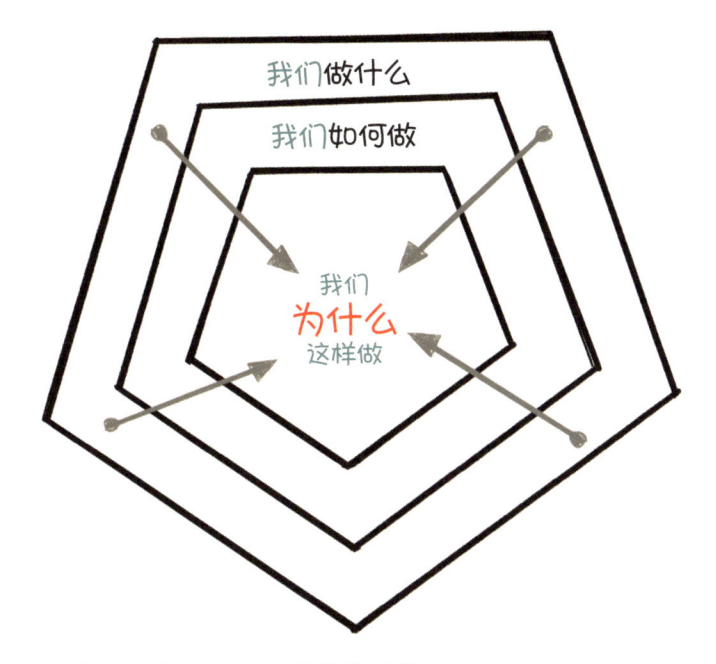

做什么：我们给孩子们带来快乐
如何做：通过制作玩具
为什么：因为孩子是我们的未来，所以要让每个孩子微笑

我们以为人们会关心我们在做什么，或者我们是如何做的，其实不然，人们关心的是我们为什么这样做。[2] 这就是核心——不仅是品牌的口号，也是我们在考虑所有决策时的准则。做决策前先自问："这个决策符合我们的核心吗？"如果不符合，就不要做。

品牌口号
我们的核心是什么

第七章
运营管理

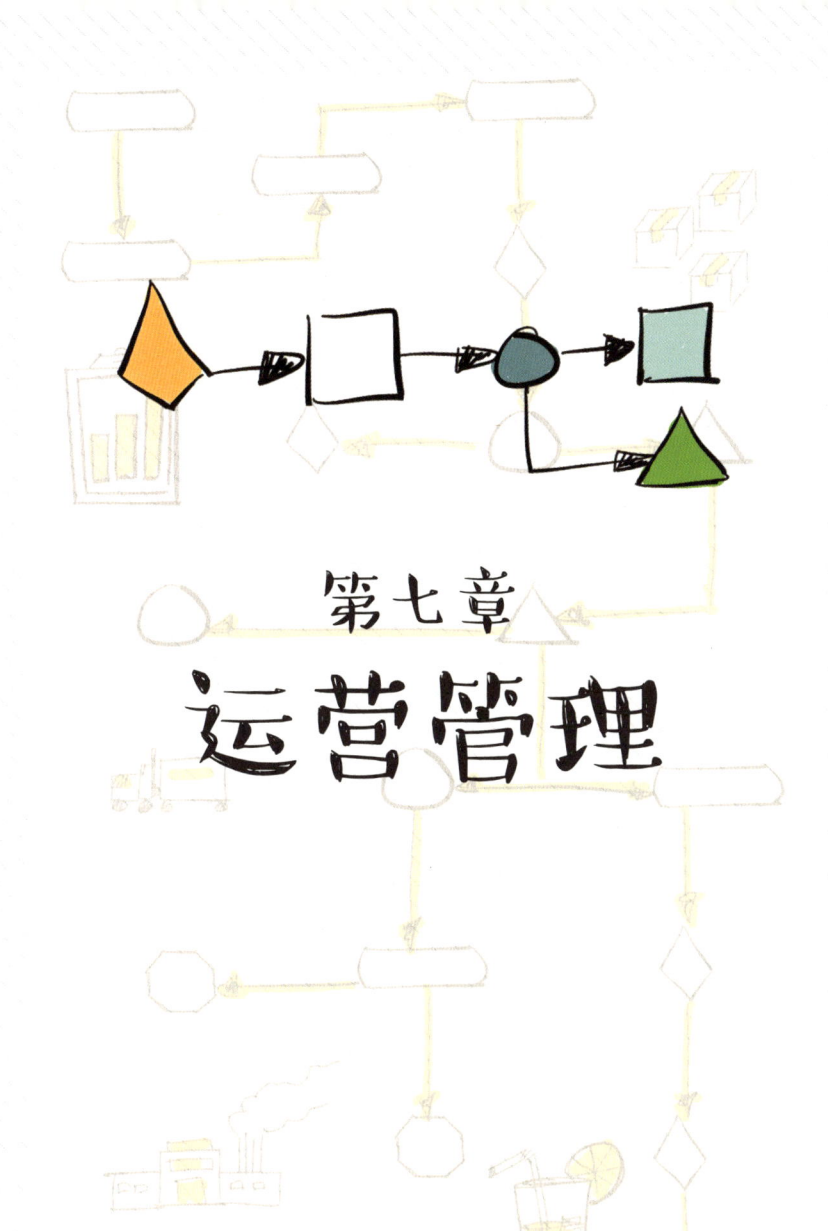

运营管理分为 3 个部分。你需要设计、管理和改进一系列创造产品和服务并将其交付给客户的活动。[1]

设计　　　　管理　　　　改进

每当你开始一个新的职位或职责时，不要感到不知所措。保持冷静，绘制流程图。寻找复杂之处，化繁为简。

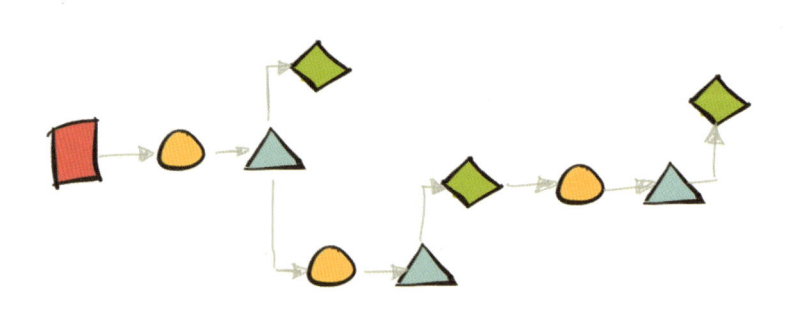

第七章 运营管理

流程分析　① 了解当前的运营情况

② 了解绩效

③ 了解客户要求的绩效

绩效

产能
单位时间内的最大产出单位
(每小时 100 个比萨)

效率
利用率。你有 100 名工人,他们通常工作 8 小时。如果有一天工人一共工作了 700 个小时,那么其效率就是 87.5%。

$700/(100 \times 8) = 87.5\%$

关键术语

交付周期：从提出要求到向客户交付产品之间的时间

产量：企业在一段时间内可生产的产品数量

周期：从流程开始到结束的总时间

产能：流程的最大产出，以单位时间内的产量来衡量

效率：企业的绩效标准。所有流程都以最佳方式利用资源

瓶颈：连接链中速度较慢的流程，会降低整个工序的生产能力

看图学 MBA

原材料

你的柠檬水摊位是否高效运转?让我们检查一下你的流程,看看它运行得如何。

单位 = 杯

产量 = 每 2 分 50 秒生产 1 杯

瓶颈 = 切挤柠檬需要 2 分钟

产能 = 每 12 分 10 秒生产 5 杯

流程

下单 → 装满水壶 30秒 → 装满杯子 5秒 → 切挤柠檬 2分钟 → 放糖 10秒 → 搅拌 5秒 → 交付给客户

装满一壶水可以制作 5 杯柠檬水。根据你的需求，你可以一次批量制作 5 杯来满足需求。

除非你缩短周期或消除瓶颈，否则每批产品将需要花费 12 分 10 秒。如果你不雇用更多的人，这就是你的最大产能。

如果你通常每小时生产 5 批产品（25 杯 / 小时），你就可以据此计算出你的产能利用率。如果你 1 个小时只生产了 17 杯，那么你的产能利用率就是 17/25=68%。

这只是一个简单的例子，但该原则适用于任何地方。保持冷静，分析流程，找出改进方法，然后付诸实践。

第八章
战略性人力资源管理

大多数业务问题都是更深层次的人力或组织问题的表象。提高人力资源水平，就能改善整体业务。人员管理可以系统化，以消除可变性，提高可预测性。

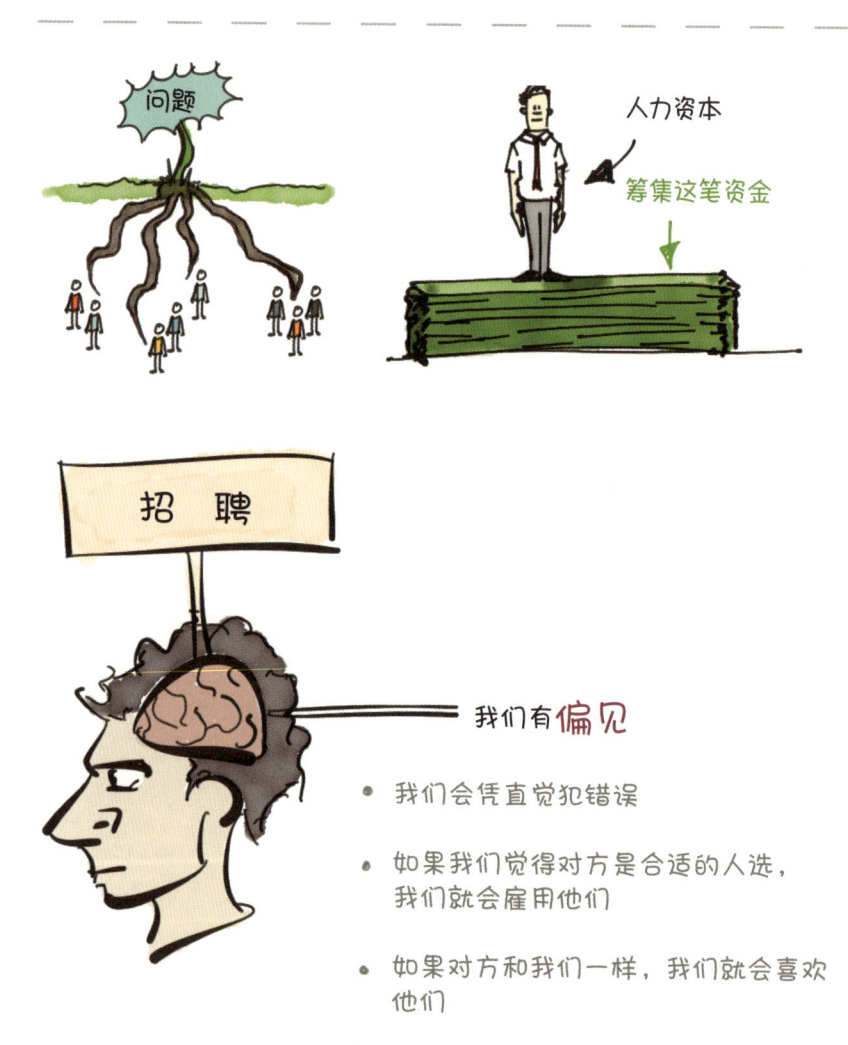

问题

人力资本

筹集这笔资金

招聘

我们有**偏见**

- 我们会凭直觉犯错误
- 如果我们觉得对方是合适的人选，我们就会雇用他们
- 如果对方和我们一样，我们就会喜欢他们

招聘时更有理由**系统化**

系统化招聘是一种防止偏见的面试和招聘方法。（我曾在招聘员工时尝试过这种方法，效果很好！）

系统化招聘

1、确定招聘目的

2、汇总工作定义

3、确定任务

4、确定任务的优先次序

5、确定所需能力
   例如：运营管理

6、提出行为性问题并对回答进行评分
   例如："告诉我们你创建新操作流程的情况。"

根据优先级加权

	约翰	萨莉	迈克
操作流程	5	3	1
领导力	2	5	1
解决问题	2	5	2

平均得分

7、招聘和入职

8、评估员工

看图学 MBA

知识经济时代的许多工作都是自由支配的

要完成工作，员工必须有意愿

想要做

那么，如何激励员工呢？看看你的激励潜力的得分情况，这可以衡量现有员工的积极性。

MPS

激励潜力得分[1]

1~7分（最高分为343分）

激励潜力得分 =（技能多样性 + 任务完整性 + 任务重要性）/3 × 工作自主性 × 反馈性 ← 看到改进

欢迎　　　再见

员工流失率（不好）

成本：年薪的 93% ~ 200%

年度员工流失率

$$\frac{员工流失数}{统计期内的平均员工数} \times \frac{12}{统计期内的几个月}$$

赫茨伯格的
激励—保健理论 [2]

激励
- 获得成就的机会
- 认可
- 有回报的工作，与技能相匹配
- 责任
- 晋升

保健
- 不良、阻碍性政策
- 干扰性监督
- 失业恐惧
- 无意义的工作

追踪高潜质人才
促进其发展

绩效管理

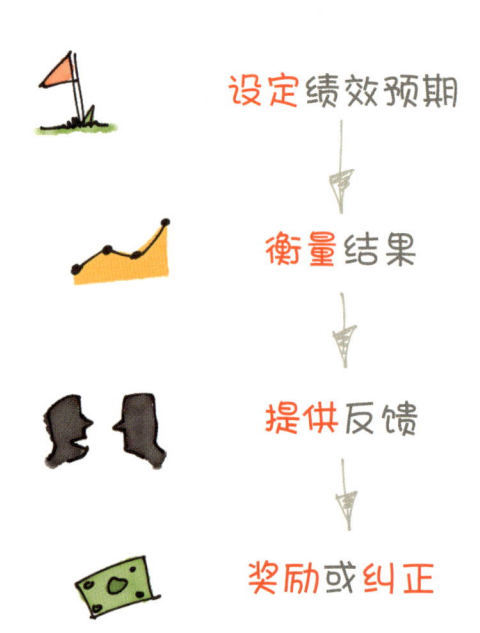

设定绩效预期

衡量结果

提供反馈

奖励或纠正

绩效 = 能力 × 动机 × 机会

- 培训 · 激励 · 支持
- 角色定义
- 增加责任

团队成功的杠杆

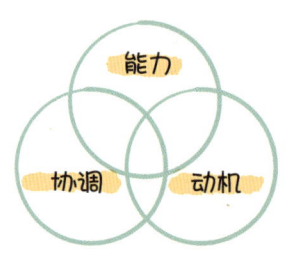

能力 / 协调 / 动机

第八章 战略性人力资源管理

组成
- 团队技能
- 动机
- 团队规模

团队绩效 ³

环境
- 对团队的需求
- 所需的团队类型
- 团队文化

变化
监控和提高绩效的能力

能力
团队解决问题、沟通、决策、管理冲突和创新的能力

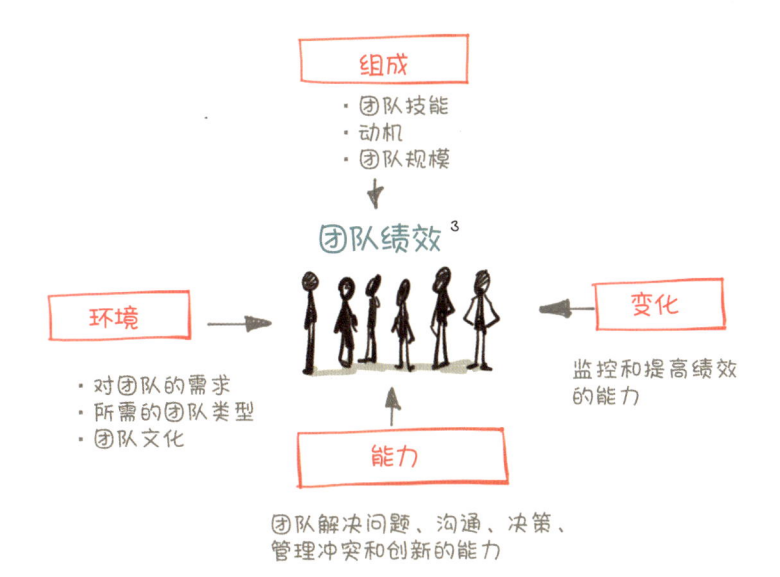

当遇到任何阻力时，我们都要诉诸情感。人的情感就像一头大象，逻辑就像骑大象的人。猜猜谁决定去哪里？

逻辑

情感

第九章 商务谈判

看图学 MBA

我们每天谈判 **30** 次

谈判框架

- 谈判者特征 → 谈判过程 → 谈判结果
- 情境因素 → 谈判过程

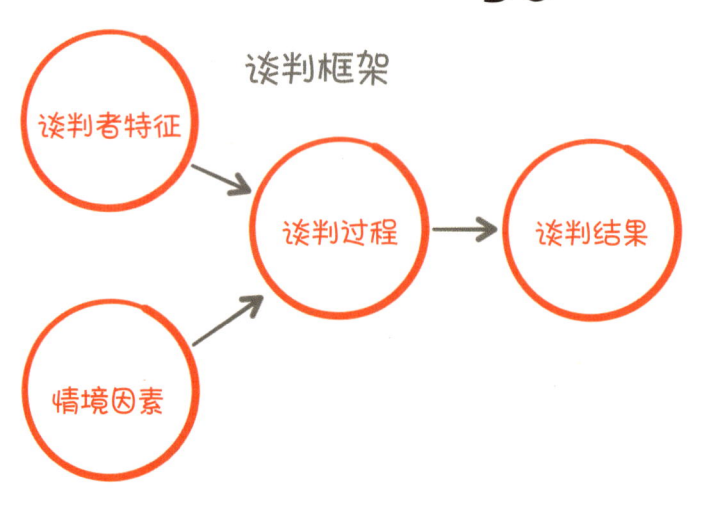

谈判框架简单而有效。运用这个框架，你就能如愿以偿。

谈判者特征

倾听

清单上的第一条

人际导向

第九章 商务谈判

猫头鹰是出色的谈判者

- 倾听
- 观察
- 提问"谁"

愿意利用团队协助

社交能力

赞美不花钱,但很有效。

个人权力的来源[1]

① 法定权力
  - 法官
  - 警察
② 奖励/强制权力
  - 稀缺资源
③ 专家权力
  - 技能
  - 知识
④ 指派权力
  - "X 派我来"
  - 外交官
⑤ 个人权力
  - 魅力
  - 人格魅力
  - 政治家

你希望他们怎么看你?

✓ 公平、诚实
✓ 知识渊博,做好充分准备
✓ 放弃

3 个关键属性

- 性情温和
- 纪律性
- 优秀的倾听者

看图学 MBA

80/20

倾听　　交谈

说服的 3 个属性

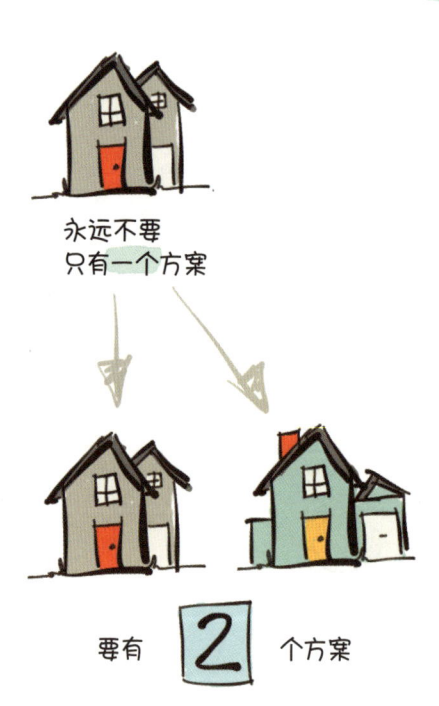

1. 力量
   - 准备
   - 专家
   - 个人
2. 可信度
   - "我不知道"
   - "正确的"结果
3. 吸引力
   - 信息
   - 信使
     - 倾听
     - 建立信任
     - 关注

永远不要
只有一个方案

要有 **2** 个方案

谈判的力量在于你的<u>最佳替代方案</u>

第九章 商务谈判

(情境因素)
- 目标（买方和卖方）
- 利益
- 环境（时间和地点）

需求替代矩阵（力量）

需求

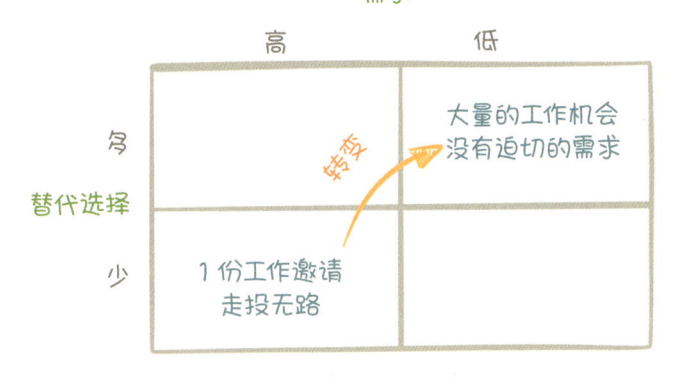

	高	低
替代选择 多		大量的工作机会 没有迫切的需求
替代选择 少	1 份工作邀请 走投无路	

有更多选择和更低需求的一方更有权力。当我们谈判时，如何让自己处于有利地位？另外，如何适应对方拥有更多权力的情况？

(谈判过程)

关键

谈判前的角色扮演
（即使是通过电话）
游戏规则改变者
双方都进行角色扮演。
比对方更了解。

专业建议：提前写好开场白。

看图学 MBA

5 000 美元 ① 将会以中间价收场 ③ 2 000 美元 ②

如果有人锚定低价　　　　　　　　　　开出高价

"越早谈钱，你得到的钱就越少。"

原则性谈判 [2]

① 把人和问题分开

② 关注利益而不是立场

③ 寻找互惠互利的解决方案

④ 使用公平的标准和程序

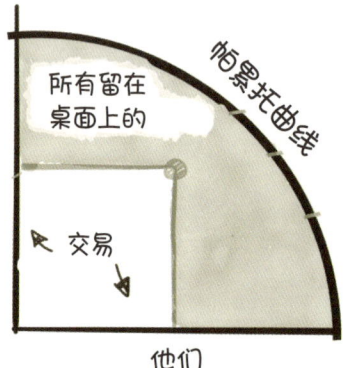

帕累托曲线

所有留在桌面上的

我们

交易

他们

获取信息，了解如何为双方扩展曲线

认知锚定

先解释后总结

"这支笔曾上天入地"　　　　　"只要 8 000 美元"

最好的谈判者不会按直线顺序进行

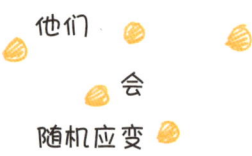

他们

会

随机应变

你必须提前了解他们

（写下来）

第九章 商务谈判

① 你的目标是什么？

目标至关重要。你是想要正确的婚姻，还是想要幸福的婚姻？有时两者不可兼得。

② 你在和谁谈判？

你越了解和理解对方，就越有机会在谈判中取得成功。他们在想什么？是什么让他们夜不能寐？他们有哪些希望和梦想？

③ 你的渐进计划是什么？[3]

循序渐进比一蹴而就好得多。

第十章
战略

战略的5种竞争力[1]

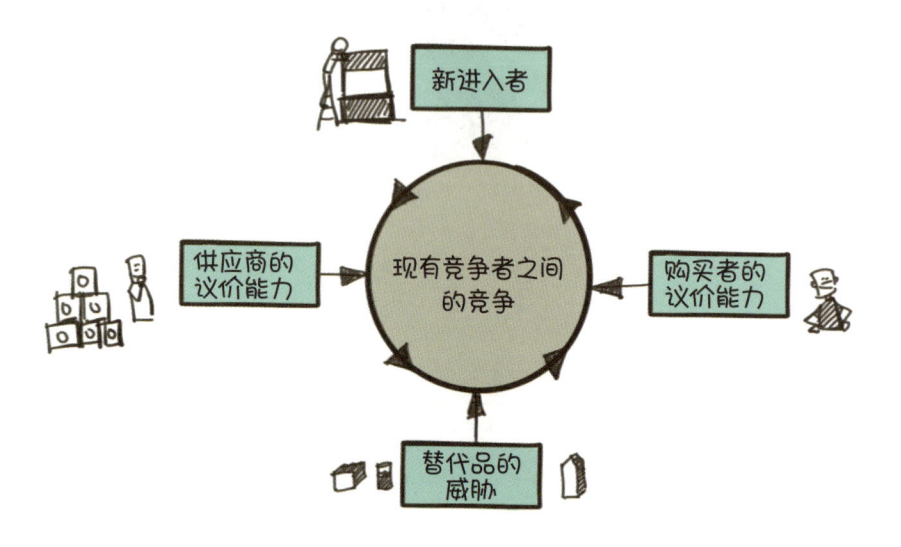

- 新进入者
- 供应商的议价能力
- 现有竞争者之间的竞争
- 购买者的议价能力
- 替代品的威胁

这5种力量可以决定一家公司的长期盈利能力。其威胁越大，公司的利润越低。公司要么针对这些力量建立防御体系，要么寻找这些力量较弱的行业。

威胁越大 = 利润越低

第十章 战略

与众不同

差异化的基础

+

人们喜欢它

哈蒙的杂货店

高质量、高价格

对细分市场有吸引力

出售

其他广告对他们没有影响

你要吸引顾客群，找到差异化的基础，这样竞争对手的广告就不会有任何效果。要让顾客惊叹不已，他们就会自然而然地喜欢你。

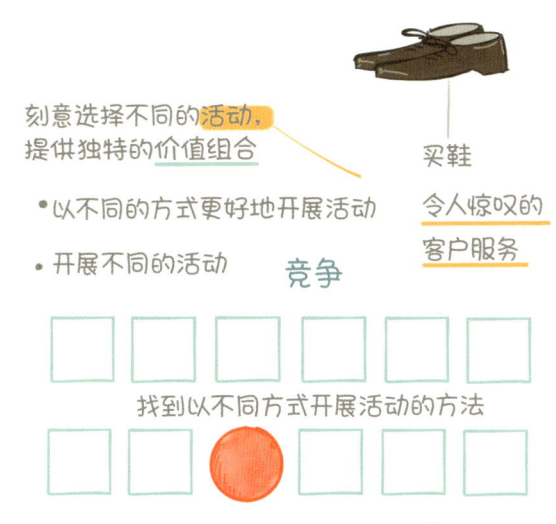

刻意选择不同的**活动**，提供独特的价值组合

- 以不同的方式更好地开展活动
- 开展不同的活动

买鞋

令人惊叹的客户服务

竞争

找到以不同方式开展活动的方法

满足客户或市场的需求和愿望

你可以
让**任何**产品或公司

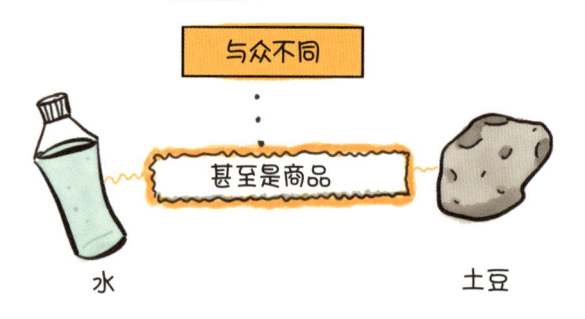

与众不同

甚至是商品

水　　　　　　　土豆

实现差异化的关键在于创造力。环顾四周，选定一些物品，想想如果你要卖这个东西，你会如何使它与众不同？如果别人能创造出差异化的商品，你也可以。

差异化的基础

"优秀的差异化经营者知道客户需要什么。"

满足客户的某些需求

- 形象
- 饥饿
- 舒适
- 清洁

- 美观
- 地位
- 风格
- 品味

- 安全
- 质量
- 服务
- 准确性

- 增强影响力
- 可靠性
- 怀旧
- 归属感

第十章 战略

可口可乐 vs. 百事可乐 vs. 沙斯塔

大多数人无法分辨差异

如果人们无法分辨差异,那么他们又如何区分?

幸福

作为一种新的可乐,你如何与它们竞争?

提示:不是口味

营销和对受众群体的吸引力

竞争的基础不是产品

产业结构很重要 → 完全竞争?(5种力量均已达到最大值) 远离

哈雷摩托车

要想提高竞争力,就必须了解人们购买的原因 ┈┈ 制造更好的摩托车不会带来顾客,他们购买的是一种生活方式。

战略的好坏取决于你的

执行

认清事物的**真实面目**，而非其**应有的面目**

美国南北战争期间，在葛底斯堡的南方联盟军拥有更好的战略，但他们没有认识到这一点，也没能适应新的环境。结果呢？剩下的你都知道了。

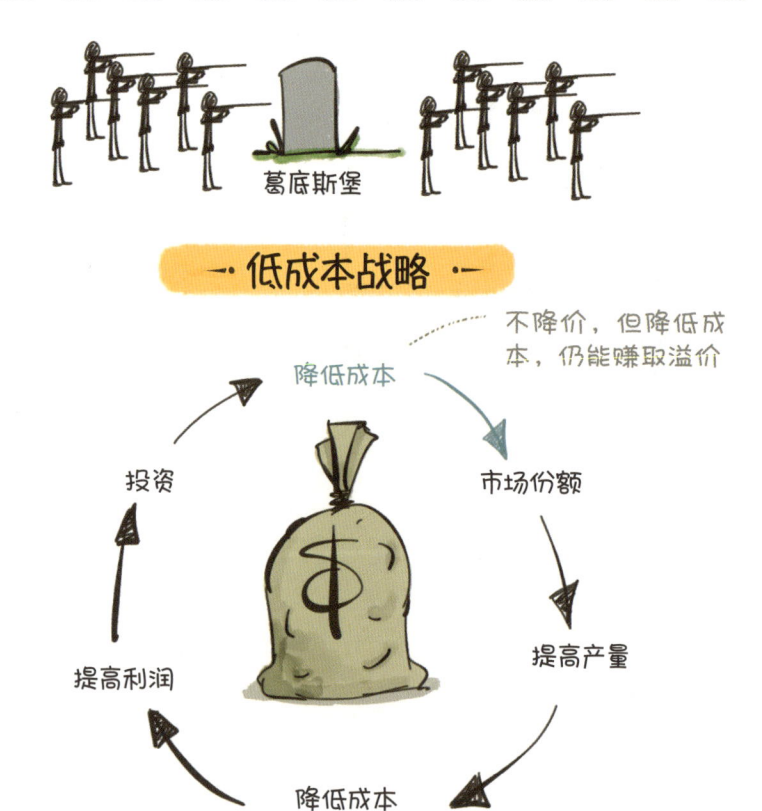

葛底斯堡

低成本战略

降低成本

不降价，但降低成本，仍能赚取溢价

市场份额

投资

提高产量

提高利润

降低成本

第十章 战略

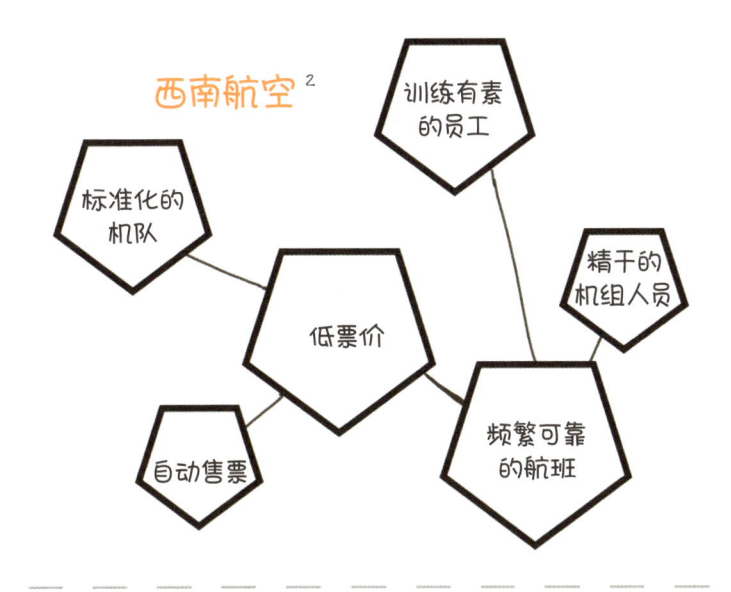

西南航空[2]

- 训练有素的员工
- 标准化的机队
- 精干的机组人员
- 低票价
- 自动售票
- 频繁可靠的航班

当一家公司拥有支持其核心差异化价值的各种关联活动时，它就能创造战略优势。美国西南航空通过使用自动售票、标准化的机队、频繁可靠的航班和训练有素的员工，以低廉的票价击败了其他航空公司。

迪士尼

客户对你充满热情，以至于他们不受其他竞争对手的影响，从而使竞争对手变得无关紧要。

如何让自己的公司像迪士尼一样？这就是战略的意义所在。

产品、营销信息、定位、客户服务等
=
整体的神奇体验

看图学 MBA

竞争对手分析 → 这是一场游戏
参与者：你和你的竞争对手
行动：进入新市场
产品：蹦床
产品成本：75 美元/件

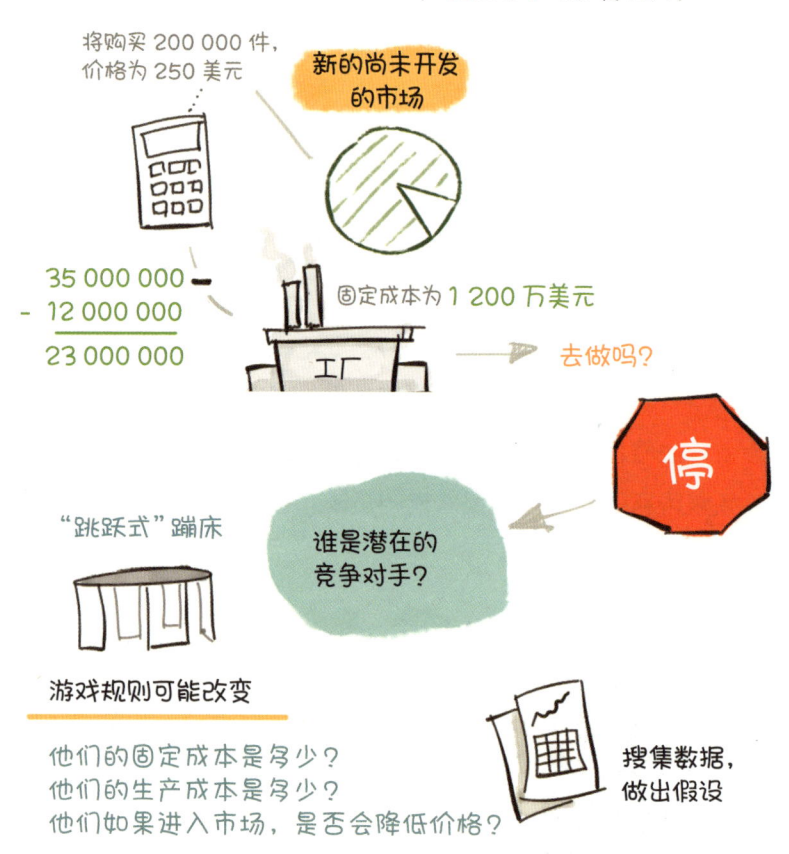

将购买 200 000 件，价格为 250 美元

新的尚未开发的市场

35 000 000
− 12 000 000
  23 000 000

固定成本为 1 200 万美元

去做吗？

停

"跳跃式"蹦床

谁是潜在的竞争对手？

游戏规则可能改变

他们的固定成本是多少？
他们的生产成本是多少？
他们如果进入市场，是否会降低价格？

搜集数据，做出假设

　　竞争对手会改变游戏规则。你可能认为你的项目一切顺利，但你是否考虑过别人进入市场后会发生什么？这是否会改变你的销售价格并影响利润？在全力以赴之前，你必须考虑清楚各种情况。

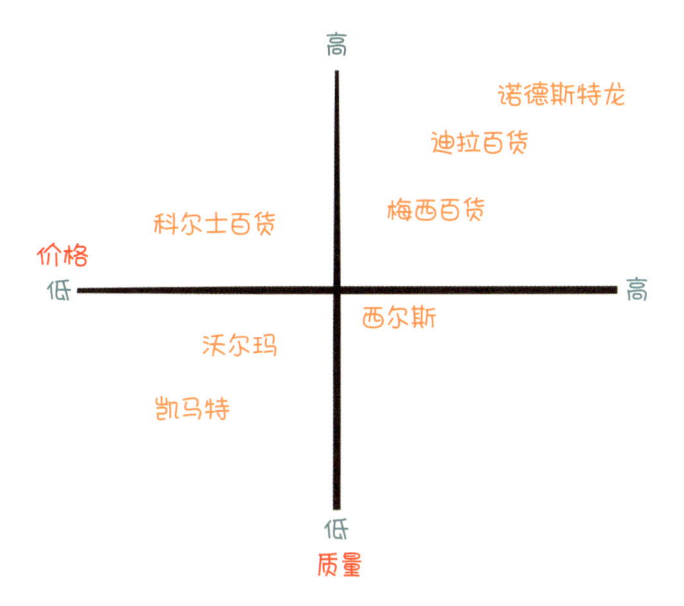

顾客或竞争对手的观点

（图：价格高低 × 质量高低 象限图）
- 诺德斯特龙
- 迪拉百货
- 梅西百货
- 科尔士百货
- 西尔斯
- 沃尔玛
- 凯马特

VRIO 框架[3]

你的产品、服务、公司是否：

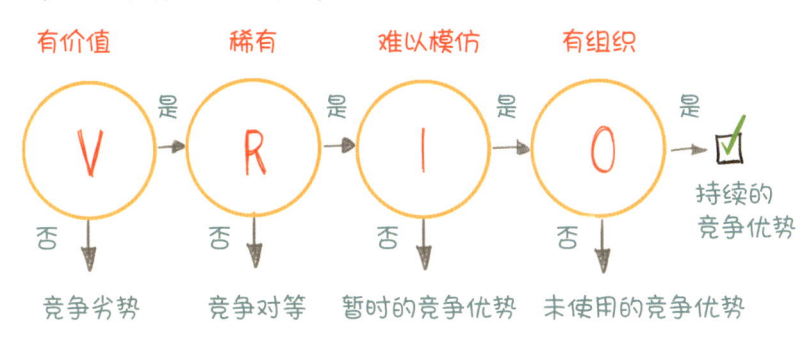

有价值	稀有	难以模仿	有组织
V	R	I	O

- 是 → 是 → 是 → 是 → ✓ 持续的竞争优势
- 否 ↓ 竞争劣势
- 否 ↓ 竞争对等
- 否 ↓ 暂时的竞争优势
- 否 ↓ 未使用的竞争优势

通过 VRIO 框架分析你的想法，这有助于确定你是否有机会获得持续的竞争优势。

红海 vs 蓝海

红海：竞争激烈
- 在现有市场空间内竞争
- 击败竞争对手
- 利用现有需求

蓝海：开放的、无竞争的水域
- 创造无竞争的市场空间
- 使竞争变得无关紧要
- 创造并抓住新的需求

豪华车 vs **T型车**

豪华车
- 昂贵
- 市场狭窄
- 生产成本高

T型车
- 廉价
- 市场广阔
- 生产成本低

关于竞争有两种类型的战略：红海和蓝海。[4] 红海充满竞争。在福特T型车出现之前，市场中的汽车非常昂贵。亨利·福特决定用廉价的替代品创造一个无竞争的市场空间——并且赢了。

联盟

拓展业务的必要条件

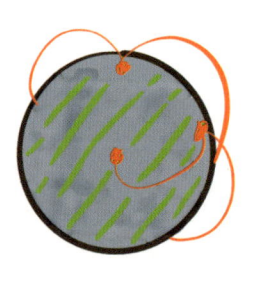

只有在产生互补价值或资源时才有必要

第十章 战略

1 小时生产

迈克：10 个杯子 + 2 个柠檬
约翰：2 个杯子 + 10 个柠檬

分开

2 小时生产

迈克：20 个杯子
约翰：20 个柠檬

合作

迈克：10 个杯子 + 10 个柠檬
约翰：10 个杯子 + 10 个柠檬

交易

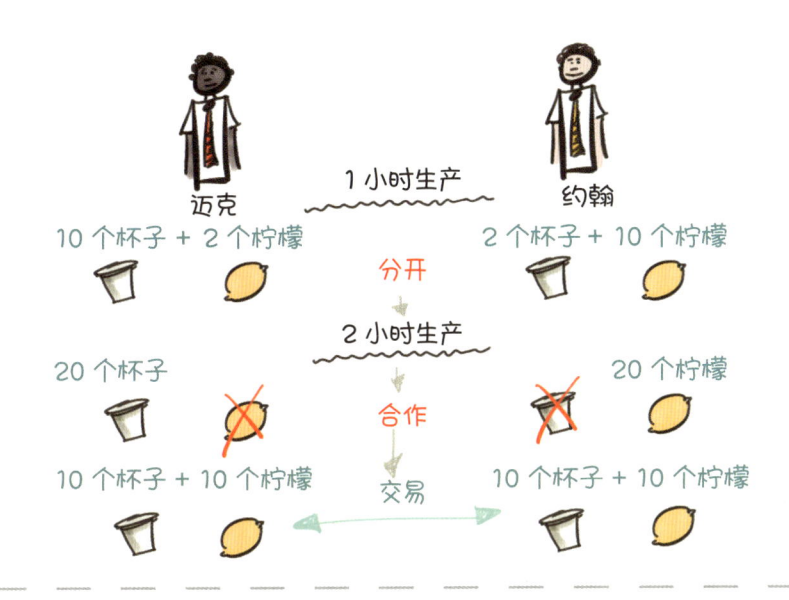

联盟对拓展业务至关重要，但它需要带来你单靠自身力量无法获得的附加值。如果迈克 1 小时能生产 10 个杯子和 2 个柠檬，而约翰能生产 2 个杯子和 10 个柠檬，那么他们可以结成联盟，从而更快地生产出更多的杯子和柠檬。当你寻找同盟者时，确保你能清楚地说明他们能够提供的具体价值，并且无论如何都要签订具有法律约束力的合同。

你需要一份合同

或者同盟（甚至是商业伙伴关系）

你能说清楚他们能提供什么价值吗？

第十一章
商业道德

遵守商业道德不仅能让我们远离牢狱之灾,合乎道德的生活也会让人生更加充实,使我们留下值得骄傲的财富。

披露测试

当你犹疑时,问问自己:"如果这个决定最后出现在新闻中,我还能接受吗?"如果不能,那就不要做。

第十一章 商业道德

情 绪
导致短期思维

记住你想成为什么样的人

避免道德风险的一个关键因素是从短期思维转向长期思维。大多数道德问题都源于情绪，情绪会让我们进行短期思考。当情绪来临时，你需要做的就是停下来，想想你的目标，你想成为什么样的人，看看这个决定是会强化还是会削弱你的形象。

决策过程

当道德受到威胁时,你的情绪会非常激动,因此,请使用这个简单的程序来帮助指导自己做出合乎道德的决定。

1 - 停下来思考

不要做出反应。首先,停下来思考。

2 - 搜集信息

搜集所有信息。你所决定的事情是否至关重要?能否等待?与谁有关?有什么利害关系?

3 - 集思广益，找出解决方案

你的决定取决于你的最佳选择。花时间进行头脑风暴，提出尽可能多的解决方案。

4 - 做出决定

现在，你需要权衡你的决定是否合乎道德规范。将事情与他人讨论，以确保你的判断不会被蒙蔽，这将大有裨益。

第十二章
创业融资

创业融资就是通过一系列战略活动尽快创造价值。

创业融资流程

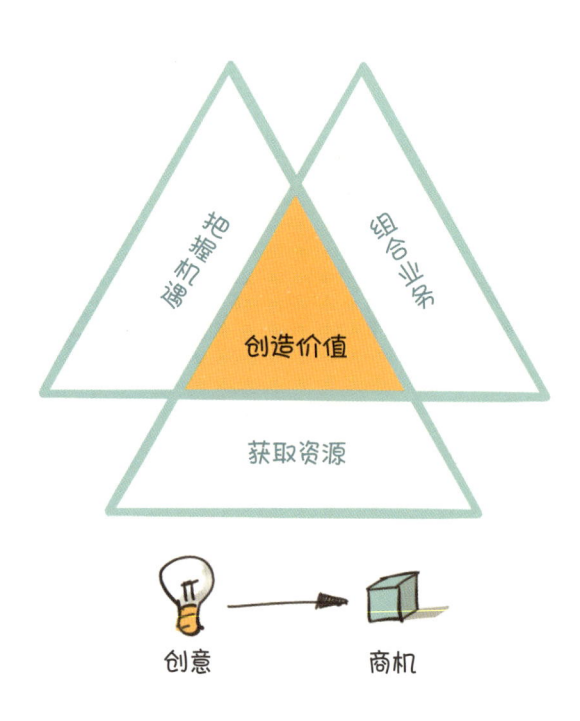

把握机遇　组合业务

创造价值

获取资源

创意　→　商机

你的最终目标是什么？

收获

目标永远是收获，以及如何尽快实现目标。

第十二章 创业融资

88% 的人赌的是**骑师而不是马**

（执行力）

（创意）

高成长型公司的成功源于对一个普通想法的**出色执行**

执行力至关重要

机会无处不在，就看你能不能发现它们。以下是一些你应该时刻关注的机会来源。

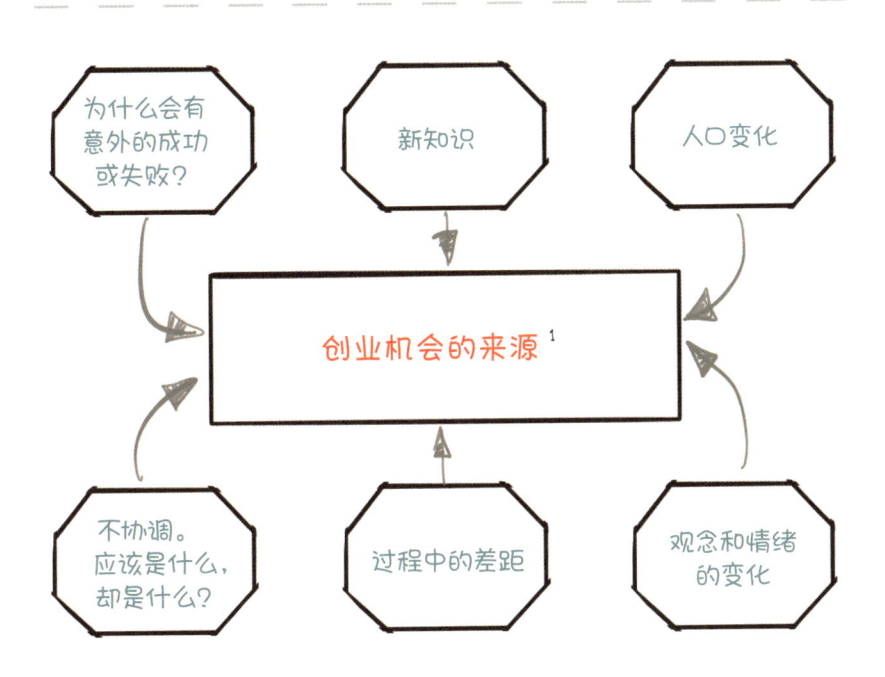

- 为什么会有意外的成功或失败？
- 新知识
- 人口变化
- 不协调。应该是什么，却是什么？
- 过程中的差距
- 观念和情绪的变化

创业机会的来源[1]

创建一个行业，解决这些因素带来的问题

先确保某个想法可行，再一头扎进去。它将花费你大量时间，因此最好先进行一些验证。看看你的内部和外部力量，然后用 SWOT 分析法将其描绘出来。

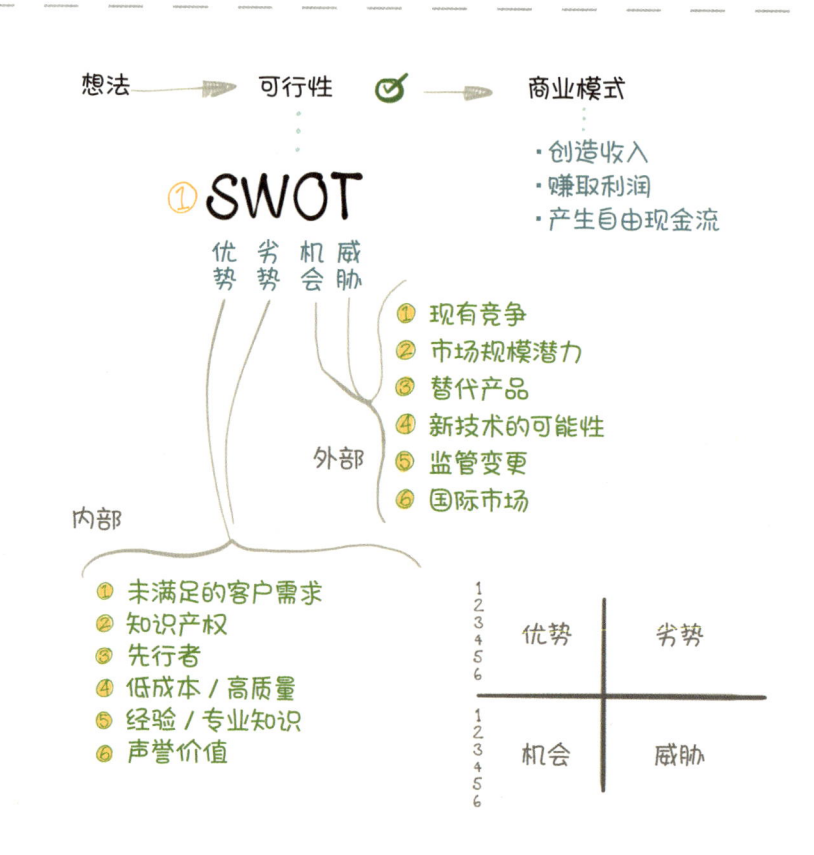

想法 → 可行性 ✓ → 商业模式
- 创造收入
- 赚取利润
- 产生自由现金流

① SWOT

优势 劣势 机会 威胁

外部：
① 现有竞争
② 市场规模潜力
③ 替代产品
④ 新技术的可能性
⑤ 监管变更
⑥ 国际市场

内部：
① 未满足的客户需求
② 知识产权
③ 先行者
④ 低成本/高质量
⑤ 经验/专业知识
⑥ 声誉价值

	优势	劣势
1 2 3 4 5 6		

	机会	威胁
1 2 3 4 5 6		

当你考察任何一家新企业时，对其进行充分的筛选是很有帮助的。筛选的两种方法是定量和定性筛选。企业得分越高，对投资者越有吸引力。

定量筛选

	潜在吸引力		
	高 3	中 2	低 1
市场规模			
盈利能力			
收获速度			
团队能力			
可行性			

(把分数加起来除以 5，最终得分将在 3 和 1 之间。得分越接近 3，企业的潜在吸引力越强。)

对新企业进行定量和定性筛选，可以为你排除情绪干扰、做出明智决策提供所需的数据。首先进行定量筛选，看看你的得分离 3 分有多近。然后考察管理团队，通过提问了解他们的愿景、知识和计划。

定性筛选
面试管理团队

创始人　营销　运营　财务

宏大愿景　客户知识　生产　财务预测

高增长的最佳实践

营销实践

- 开发**最佳**产品或服务
- **高质量**的产品或服务
- 更高的产品价格
- **高效分销**和**卓越的支持**

财务实践

- 准备**未来 5 年**详细的月度财务计划和年度财务计划
- **有效管理**公司资产、财务资源和经营业绩

管理实践

- 组建**兼顾**职能领域和行业知识的管理团队
- **协同决策**

这些是为**你**准备的

（让你考虑到所有领域）

第十二章 创业融资

初创企业的生命周期

- 发展 　　　　　种子融资
- 初创 　　　　　初创融资
- 成长 　　　　　第一轮
- 扩张 　　　　　第二轮
  　　　　　　　中期流动资金阶段
- 成熟 　　　　　获得银行贷款
  （有可能退出）　发行债券
  　　　　　　　发行股票

任何初创企业都会经历与融资相关的 5 个阶段。从最初的发展和种子融资开始，一直到早期成熟。

风险资本

企业家 — 风险投资人中介 — 投资者

其他 20%
保险 18%
养老金 23%
个人 13%
基金会 3%
23%

风险投资流程

确定资金目标 → 基金中的基金（FOF）→ 筹集资金 → 请求投资 → 获得承诺 → 研究与投资 → 整理收益 → 分配收益

风险投资界的意见多样性是成功的关键

典型报酬
20 - 2
20% 的利润率　2% 的年回报率

大多数风险投资者花 **6** 分钟进行初步筛选

风险投资者最关心的：管理团队与市场

第十二章 创业融资

融资

柠檬水

通过出售股票融资是最佳方式（尽管你放弃了所有权）

目标

3 倍回报 或 6 倍回报

书面协议

风险投资估值

当你与风险投资公司合作时，它们希望获得 3~6 倍的回报，并需要一份书面协议。请始终牢记，在私募股权投资界，声誉意味着一切。要言出必行，兑现承诺。

私募股权

声誉决定一切

企业实体

创业时,你在选择企业实体之前,了解各种企业实体的优点和缺点非常重要。每种实体都会对你的责任和税收产生重要影响。以下是它们的优点和缺点。

独资企业

独资企业是很简单和最常见的实体。它是非法人实体,不区分所有者和企业。但独资企业也有一些风险。由于它不区分所有者和企业,因此如果有人决定起诉你,你的个人资产就会面临风险。

有限责任公司

有限责任公司通常是比独资企业更好的选择,因为它在所有者和企业之间建立了一个法律缓冲区。这种实体结合了独资企业和大型公司的特点。

S 公司

S 公司更复杂，它有更多的规则和规定。尽管如此，如果你想寻求外部融资或发行股票，这种形式可能更可取。拥有发行股票的灵活性总是好的，因为它可以激励合伙关系或为业务提供额外的帮助。

C 公司

C 公司与 S 公司类似，但前者要缴纳两次税（公司净收入和股东利润分配）。C 公司的股东人数不限，而 S 公司最多只能有 100 名股东，且股东必须是美国公民。①

---

① 此部分为美国相关规定。——编者注

5C 信贷标准

出借人在评估潜在借款人时会用到 5C 信贷标准。

① **品质**
　　信用记录和声誉

品质也称为信用记录，是指借款人信用报告中的信息。这些报告显示了借款人在一段时间内的借款额度，以及是否按时偿还借款。

② **能力**
　　还款能力

能力是指借款人偿还贷款的能力。这是将借款人目前的收入与经常性债务进行比较。当进行评估时，出借人还会考虑借款人从事当前工作的时间。

③ 资本
借款人的出资金额

资本是指借款人已经为投资项目投入的资金，这有助于出借人更放心地相信借款人不会拖欠贷款。

④ 抵押品
借款人提供的资产

抵押品是指借款人在贷款违约时作为担保的资产，这使出借人可以选择将借款人的资产变现以收回资金。

⑤ 条件
借款人如何使用贷款

条件包括借款金额、利率以及资金使用计划。借款人的目的越明确、越集中，其贷款获批的机会就越大。

第十三章
判断与决策

决策影响生活,并且它每天都在发生。我们要学习如何做出最好的决策,以取得优异的成绩。

当你需要做

决策时

要积极主动

Pr - 问题 (problem)

O - 目标 (objectives)

A - 备选方案 (alternatives)

C - 结果 (consequences)

T - 权衡取舍 (tradeoffs)

我们的成功取决于我们做出的决策,即使是最复杂的决策,也可以通过这一流程做出。[1]

这种模式创造了奇迹。它虽然非常简单,但能大大加快决策速度,帮助你做出正确的决定。

致力于正确的决策问题

这是最重要的一步。这确保你提出了一个好的、正确的决策问题。例如："我应该加入哪家健身房？"还是"如何改善我的健康状况？"

列出所有目标

逐一列出你的目标。问自己想要什么，然后再问为什么，你可能会对自己的发现感到惊讶。

集思广益，找出备选方案

这部分非常重要。你只会做出和最佳备选方案一样好的决策。花点儿时间想出一些备选方案。

目标 | 备选方案

然后在 1~3 之间打分
(低)(高)

这部分是结果。在表格的左边一栏列出你的目标，在最上面列出所有的备选方案，并给它们加权。然后，检查每个备选方案，并根据其满足每个目标的程度在 1~3 之间打分。这将为你选择方向提供一个很好的指示。

T 权衡取舍

	汽车1	汽车2	汽车3
舒适性	3	3	2
宽敞性	2	3	2
吸引力	2	3	3
低里程数	1	1	3
条件	3	1	3
价格	2	1	3

现在，你应该已经很清楚该选择哪个了，但最好还是看看你需要为接近的替代方案做出哪些权衡取舍。

实践出真知
新高尔夫握杆法，练习挥杆 100 次
一开始感觉很奇怪，后来就自然了

这种思考方式能够帮助你做出更好的决定，但它并非本能。通过专注的练习，它将成为你的第二天性。你需要练习，练习，再练习。

与团队一起做出的决策总是**更好的**

有一致同意的决策框架

理想团队包含 4~6 人

第十三章 判断与决策

你是否经常遇到这样的情况：人们匆匆忙忙地去解决问题，结果却发现这是一个错误的问题。这是一种常见的决策陷阱。以下是我们常会陷入的几个陷阱，要当心。

陷阱

- 缺乏简单、强大、共享的判断流程模型

- 急于解决问题
  我们最终解决了**错误的**问题

- 指出、明确并评估**决策的触发因素**
  提示：让你意识到问题所在的因素可能是伪装成问题的替代方案

- "这真的是问题还是替代方案？"
  例如：招聘人员来电话了，你要不要接受这份工作？
  这不是真正的问题！

神奇的问题

为了退休储蓄
为什么？
⋮
陪伴家人
（真正的目标）

达到目的的手段

为什么？
是验证目标的良好手段

不同的人看世界的角度（框架）不同。你越能从别人的角度看世界，你就越会受益。

判断框架 —— 从多个角度看问题

识别：你的框架，他人的框架

从多个角度看问题，选出最好的想法。

这其实很难，它是一种认知失调。允许自己之后提出不同的意见。

这并不容易，但通过练习你是可以做到的。选择一个你不同意的难题，从相反的角度去看待它。你能看到的角度越多，就越能做出更好的决策。

第十三章 判断与决策

有两种思维方式：系统1和系统2。我们的思维通常默认为系统1，因为它更快、更简单。如果我们在做艰难的决定时总是默认使用系统1，这可能会很糟糕。对付这种情况的两个最佳方法：意识到各种偏见的存在和遵循结构化的问题解决方法。

思维系统²
系统1
快速、省力（有偏见）
系统2
思维、能量

线条一样长

系统1思维会让我们认为其中一条线更长

在熟悉的路线上驾驶会让系统1启动

启发式思维与偏见

① 可得性启发法

② 代表性启发法

③ 前景理论

④ 锚定和调整不足

⑤ 过度自信

⑥ 动机推理

可得性启发法 [3]

人们根据一个例子有多容易被想起来进行预测

首因
初始信息的权重最大

近因
最新信息的权重最大

替代偏误
衡量标准成为策略

代表性启发法 [4]

人们根据数据的代表性来判断事件发生的可能性

基础概率忽视
人们在评估事件的概率时，会忽略基础概率

赌徒谬误
如果在抛硬币时，连续3次都是有人像的一面朝上，我们就会认为下一次更有可能抛出另一面

热手谬误
我们认为随机事件理应是随机的，而事实并非如此，我们总误以为自己手气很好

虚幻和隐形的关联
1, 19, 152, 99, 107

我们会看见本不存在的关联，但当关联真的存在时，我们又总是忽视它们

前景理论 [5]

人们厌恶损失。人们宁愿避免损失，也不愿获取收益，这导致人们在损失领域偏好风险，而在收益领域不愿意承担风险。

损失厌恶
与追求收益相比，人们更愿意降低损失的风险

处置效应
持有亏损股票的时间比持有盈利股票的时间长

框架效应
用什么框架陈述问题决定了结果

公平问题
人们为了避免不公平而做出经济上不合理的决策

第十三章 判断与决策

锚定和调整不足 [6]

人们在做决策时往往过于依赖数字"锚"（甚至是随机数字）

知识的诅咒

人们很难像获得信息之前那样行事

后视偏差

人们不善于回忆不确定情况在出现结果之前的样子

过度自信 [7]

人们往往对自己的预测过于自信

我有 99% 的把握！

在这个距离上，他们连大象都打不中……
——约翰·塞奇威克将军

动机推理 [8]

人们倾向于按照自己的偏好进行评估

愿望思维

人们根据自己的喜好而不是数据来确定信念

证真偏差

人们会寻找与自己的假设相吻合的证据，并将其置于比不吻合的证据更重要的位置

信息追求偏差

追求信息会使我们更加重视它

沉没成本谬误

沉没成本越高，人们越有可能坚持到底

团体

通常能做出更好的判断

① **准备**
个人提前提出想法

② **讨论**
第一轮
个人分享想法，不进行批评或辩论

第二轮
分享由第一轮引发的想法

最后一轮
公开讨论，对想法进行排序

第十四章
总经理的角色

总经理的职责就是解决问题，而这一切都需要在有限的知识范围内完成。为了解决问题，我们需要帮助他人正确地提出问题，并引导他们找到解决方案。

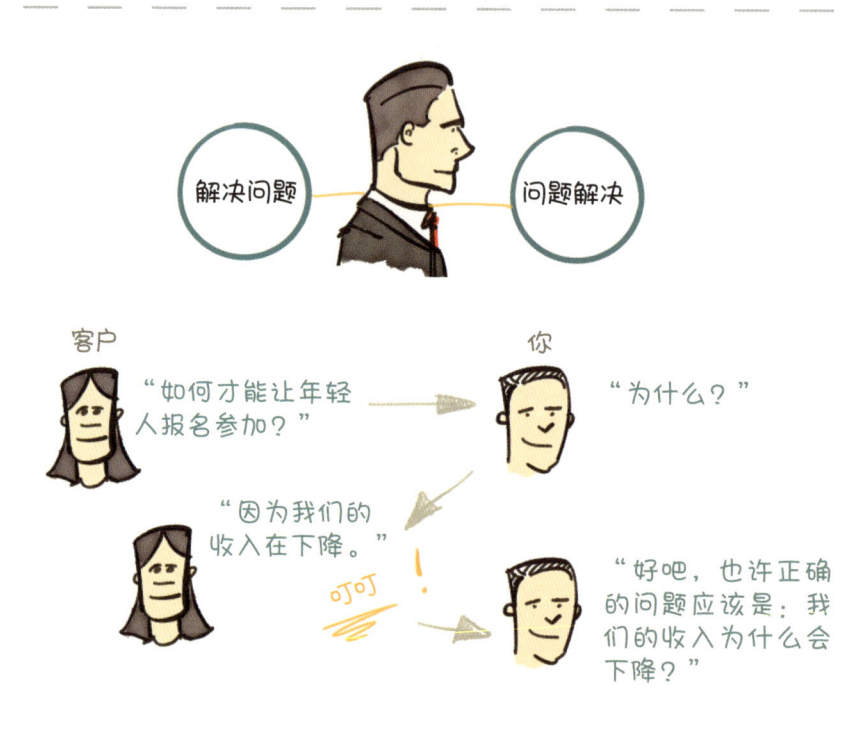

解决问题　　问题解决

客户："如何才能让年轻人报名参加？"

你："为什么？"

客户："因为我们的收入在下降。"

叮！

你："好吧，也许正确的问题应该是：我们的收入为什么会下降？"

解决问题的基本要素

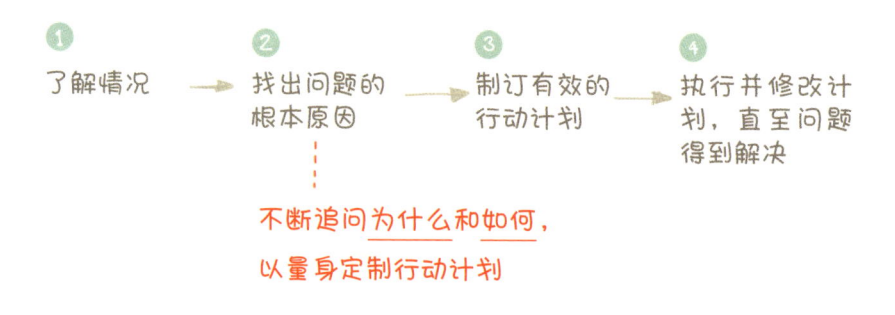

① 了解情况 → ② 找出问题的根本原因 → ③ 制订有效的行动计划 → ④ 执行并修改计划，直至问题得到解决

不断追问为什么和如何，以量身定制行动计划

第十四章 总经理的角色

构建问题首先要提出 SMART 问题定义，然后创建问题树，列出问题的所有可能答案。

构建问题

> 作为一名顾问，我最大的优势就是无知，然后多问几个问题。
> ——彼得·德鲁克

学会提出好问题 → 基本问题

SMART 问题定义[1]

- 明确性
- 可量化
- 可实现
- 相关性
- 时效性

→ 如何让我们的柠檬水摊收入翻番？

↓

为什么人们不来买柠檬水？

- 他们不知道我们
  - 没听说过我们
  - 听说过但没注意听
- 他们知道
  - 购买过
    - 购买次数大于1
    - 只购买过1次
  - 没买过

问题树

看图学 MBA

创建问题树后，开始测试假设、搜集数据并砍掉不再适用的分支。这有助于你发现根本原因，并开始找到真正的解决方案。

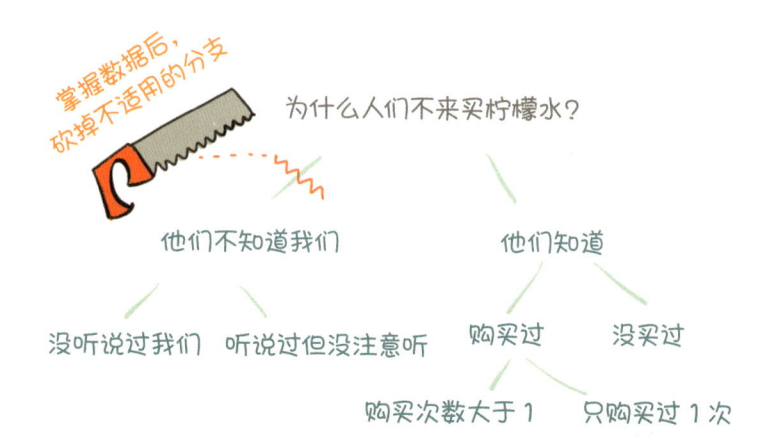

掌握数据后，
砍掉不适用的分支

为什么人们不来买柠檬水？

- 他们不知道我们
  - 没听说过我们
  - 听说过但没注意听
- 他们知道
  - 购买过
    - 购买次数大于 1
    - 只购买过 1 次
  - 没买过

重要的是，你要把解决问题的目标放在首位。专注于效益最高、成本最低的目标。

目标

以最高收益

+

最低成本解决问题

第十四章 总经理的角色

作为一名顾问，你需要提供好的建议。以下是向客户提供建议时的基本流程。

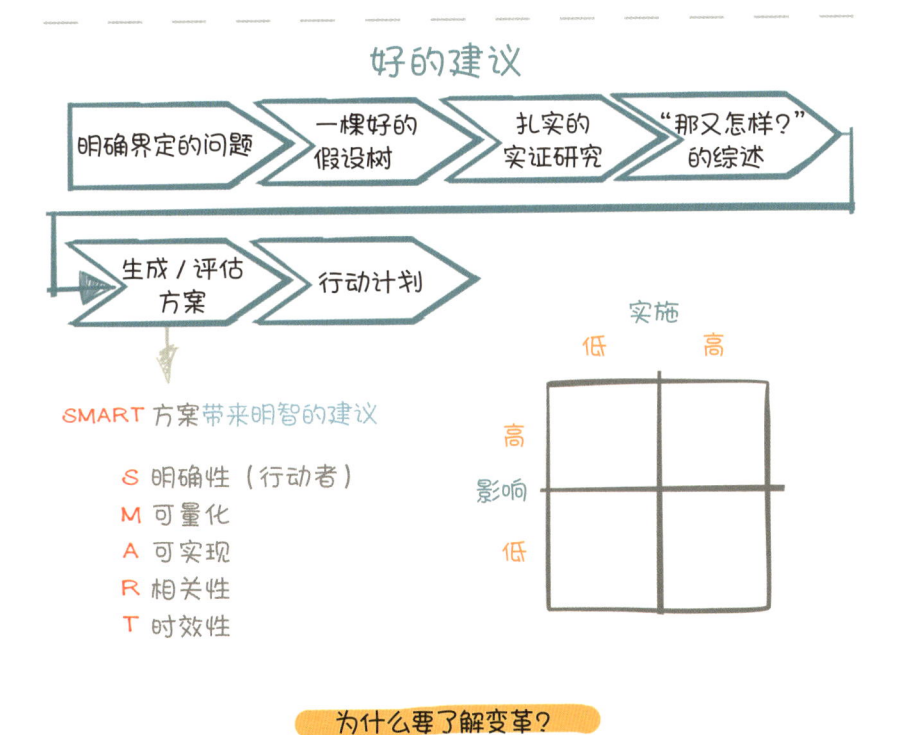

好的建议

明确界定的问题 → 一棵好的假设树 → 扎实的实证研究 → "那又怎样？"的综述 → 生成/评估方案 → 行动计划

SMART 方案带来明智的建议

- S 明确性（行动者）
- M 可量化
- A 可实现
- R 相关性
- T 时效性

实施：低／高
影响：高／低

为什么要了解变革？

如果组织没有做好准备，那么再好的解决方案也会失败

新计划/产品！

不！ 不！ 不！ 不！

看图学 MBA

95%
节食减肥的人在 2~3 年后体重又会增加。

减肥 = 改变
人们 讨厌 改变

认知 / 理性

2~3 年

情感 / 情绪

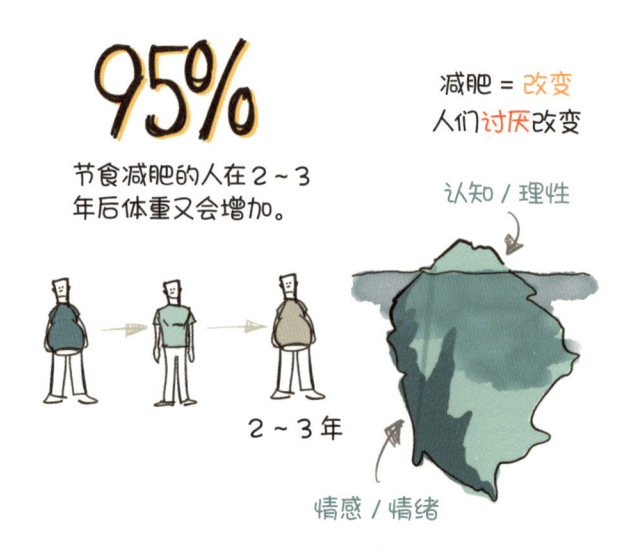

改变是感性的，你要想方设法促使改变朝着正确的方向发展。例如，与其减少食物，不如开始使用更小的盘子。

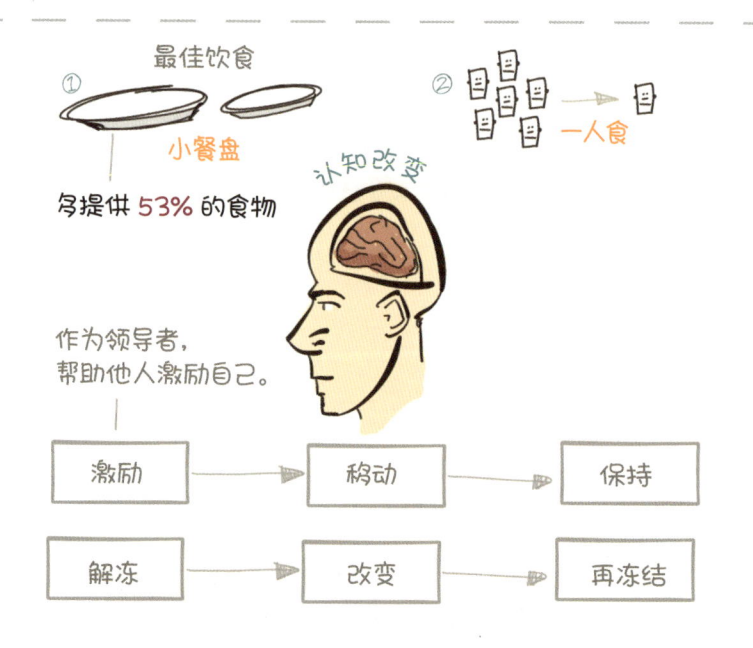

---

① 最佳饮食
小餐盘
多提供 53% 的食物

② 一人食

认知改变

作为领导者，帮助他人激励自己。

激励 → 移动 → 保持

解冻 → 改变 → 再冻结

为了激励人们改变，你必须帮助他们看到并感受到改变的重要性。

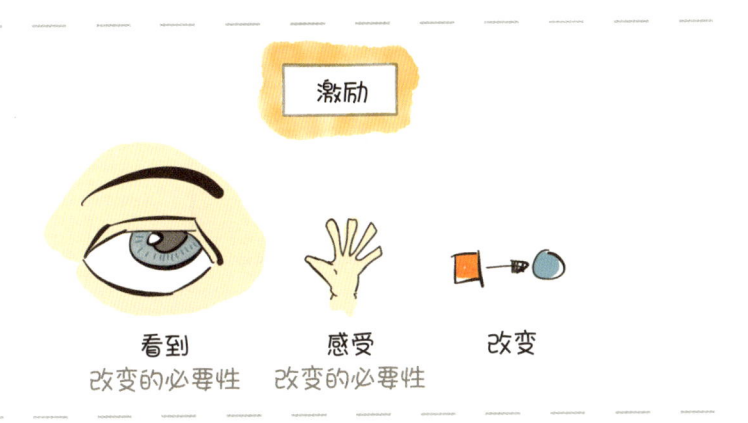

激励

看到 改变的必要性　　感受 改变的必要性　　改变

改变伴随着对事物一贯面貌的"解冻"，其为改变提供了机会。改变需要结束过去，从而让事物进入一个中立区，然后重新开始。²

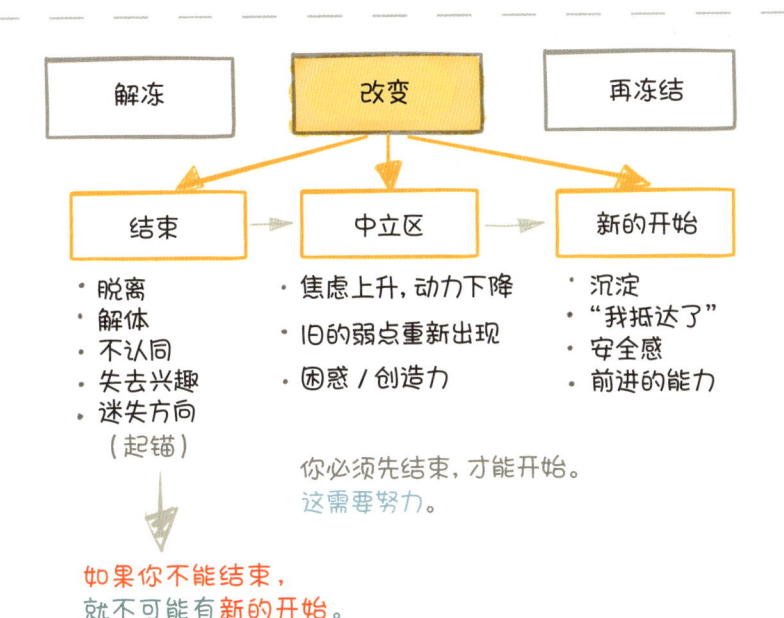

解冻	改变	再冻结
结束	中立区	新的开始

结束
- 脱离
- 解体
- 不认同
- 失去兴趣
- 迷失方向
  （起锚）

中立区
- 焦虑上升，动力下降
- 旧的弱点重新出现
- 困惑/创造力

新的开始
- 沉淀
- "我抵达了"
- 安全感
- 前进的能力

你必须先结束，才能开始。
这需要努力。

如果你不能结束，
就不可能有新的开始。

看图学 MBA

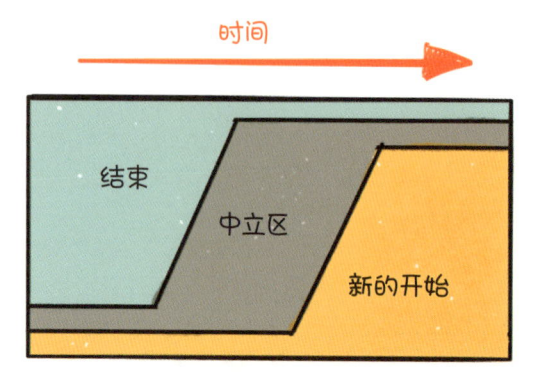

时间 →

每一次开始都意味着某些东西的结束。
——保罗·瓦莱里

结束　中立区　新的开始

人们需要同时做到这 3 点[3]

如果你不相信改变会更好,你就会想回到过去。

结束单身

结束　中立区　新的开始

我结婚了

结婚就是一个很好的例子。交换结婚誓言拉开了新的序幕,要求这对夫妇结束单身的过去,结束他们在之前生活中的舒适状态。这使他们在一段时间内处于中立区。相信未来会更好使他们拥抱新的开始,放弃过去,并真正地改变自己。

第十四章 总经理的角色

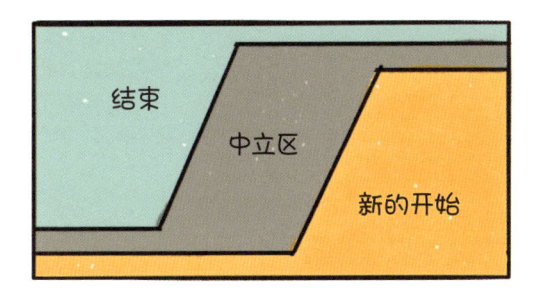

| 结束 | 中立区 | 新的开始 |

与其否认，不如经历这个过程。
否则，后果将是灾难性的。

改变是一条分界线，然而过渡并不是一成不变的。

如何让人们经历改变

① 推销问题，而不是推销解决方案
  （感性地）　　　（理性地）

　　　　　　　　记住，大象更有力量。

② 明确谁将失去什么
  做好准备并感同身受

③ 接受主观损失的现实
  痛苦可能比你意识到的更深

④ 尊重过去

⑤ 与过去决裂，确保真正重要的东西的连续性

目的：	我们为什么要改变？
图景：	未来会是什么样子？
计划：	我们如何到达这里？
角色：	我的角色在哪里？

当你向人们介绍变革过程时，你要帮助他们理解目的、图景、计划和他们的角色。要有耐心，要记住，尽管你的计划可能很有意义，但他们可能还没到那一步，或者还没掌握所有信息。

其他人在这里

你在这里，并认为其他人也在这里

注意

① 记住马拉松效应[4]
你可能已经改变了，但别人还没有

② 量两次，减一次
计划和准备值得花时间

第十四章 总经理的角色

变革管理的首要任务： 帮助人们理解所期望的变革并使之实现

当这样做时
不要忘记这一点

转型管理的首要任务： 说服人们离开舒适区

低成本战略

找到支持者

一开始先非正式、小规模地进行，
然后增强势头，再正式进行。

大型组织变革必须具有战略性、计算性和精确性。它不能是霰弹枪模式，而必须更像精确的步枪射击。

霰弹枪与步枪射击
构建热爱群体

预告：接下来的内容可能会让你略感不适。想象一下，你正与家人共进晚餐，餐桌中央有一只死狗，却无人谈论。显然这是一个功能失调的家庭。你的组织是否存在功能失调？有哪些问题被忽略了？

桌子上有一只死狗
却没有人谈论它

非正常家庭的特征

记住，要精确，要像神枪手般精确。准备，瞄准，射击。时机、顺序和可信度就是一切。计划好你的沟通策略，让合适的人加入进来。

时机　顺序

就是一切　可信度

第十四章 总经理的角色

在大型组织中进行变革

变革管理策略通过影响组织中适当的人员来发挥作用。

首席执行官

高层的影响力不会向下传递

副总裁　　　　　　　副总裁

总监　　　　　　　　总监

1：15 单独沟通

员工

非正式沟通

首席执行官

自上而下不起作用

提前进行 1：15 沟通
你是在推销变革

这不是"我的项目"

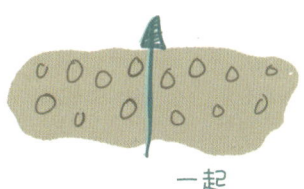

一起

提高整个组织的认识

131

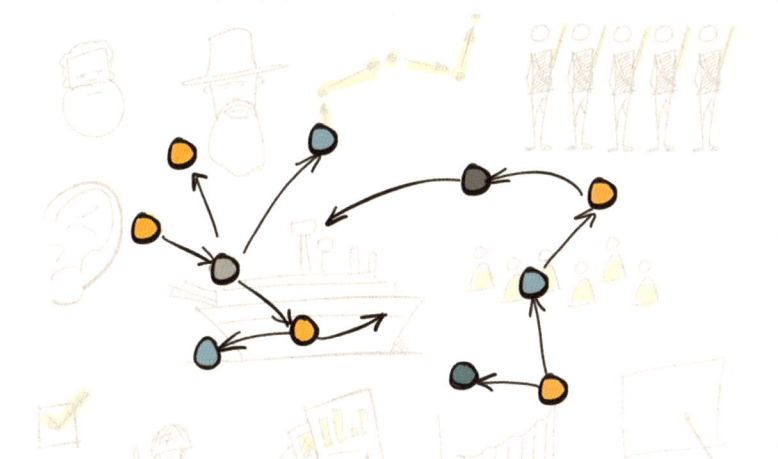

第十五章
战略思维

通过回顾历史上的领袖，我们可以从他们的成功和失败中汲取经验。

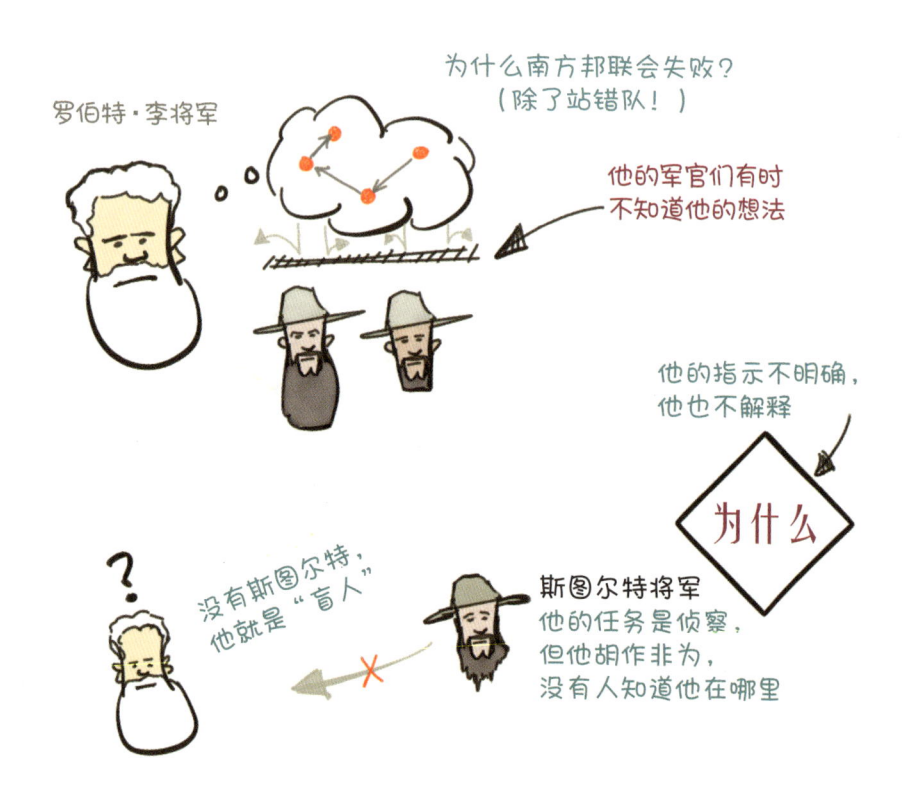

罗伯特·李将军

为什么南方邦联会失败？
（除了站错队！）

他的军官们有时不知道他的想法

他的指示不明确，他也不解释

为什么

没有斯图尔特，他就是"盲人"

斯图尔特将军
他的任务是侦察，但他胡作非为，没有人知道他在哪里

罗伯特·李将军的部下不知道他为什么要下达某些指示，也不知道他为什么没有传达自己的想法。作为一名领导者，我们很容易在脑海中形成愿景，但如果不能将愿景有效传达，我们就会输掉战争。

第十五章 战略思维

我们应该坚持我们的战略

我们现在不能退缩！

罗伯特·李不听他信任的将军的话

你的成功来自何处？

是防御战略还是士气？

罗伯特·李过于强调士气

你**需要适应**不断变化的情况或环境，这样**战略**才能奏效。

伟大的领导者会 **倾听**

要想取得成功，就必须让人们全身心地投入其中

在关键时刻，罗伯特·李将军没有听取他的将领们的建议，因此他的部下无法适应周围环境的变化。经常总结周围的情况并加以调整，将有助于我们保持领先地位。

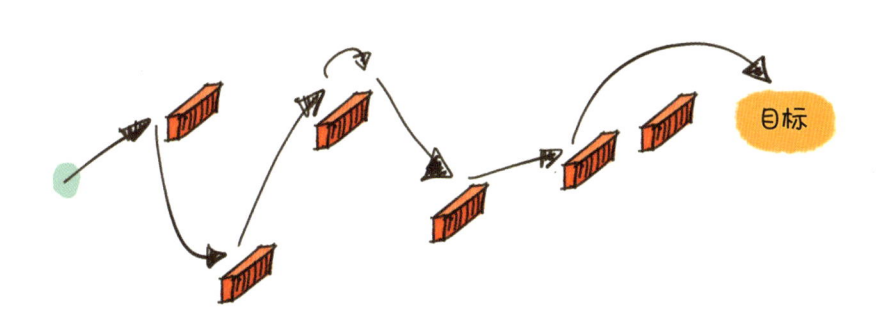

目标

135

丘吉尔

温斯顿·丘吉尔是一位做事讲究策略的领导者,这也体现在他的职业生涯上,例如,他有意担任特定的职位来提高自己的影响力。

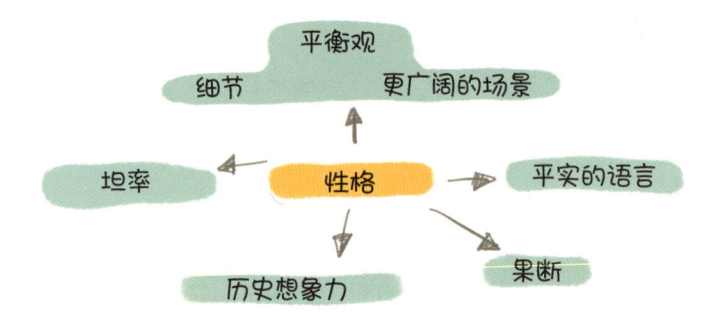

```
         平衡观
  细节         更广阔的场景
        ↑
  坦率 ← 性格 → 平实的语言
        ↓  ↘
     历史想象力  果断
```

作为一名领导者,丘吉尔非常重视这些性格特征,这些性格特征在他担任领导职务期间发挥了很好的作用。

> 成功就是从失败走向失败而不丧失热情。 ——丘吉尔

第十五章 战略思维

1 首先做出关键的战略决策

2 选择高层领导

3 给出明确的方向，然后为他们的有效行动扫清障碍

深思熟虑 然后 果断行动

责任需要同等权力

要想让个人在承担责任时取得成功,你就必须给予他们履行职责的同等权力,否则只会导致失败。丘吉尔认为,你能看到多远的过去,就能看到多远的未来。

你能看到多远的过去,就能看到多远的未来

过去　　　　　　现在　　　　　　未来

集体决策

导致拖延

共同协商与集体决策不同。前者是搜集最佳见解,为决策提供依据;后者只会导致拖延(或相互妥协),效果不佳。强有力的领导层会倾听意见,但也知道何时该做出决定。

突出部战役

艾森豪威尔 VS. **希特勒**

- 适应并信任军队
- 倾听部下的意见
- 通过激励进行领导
- 冷静、有理、不慌不忙
- 等待同意
- 整合部下
- 乐观并鼓舞士气

- 命令不得偏离
- 不听取部下的意见
- 通过恐惧进行领导
- 被动反应
- 发号施令
- 贴身指挥
- 压抑情感和灌输恐惧

美国人在突出部战役中震撼了纳粹,这在很大程度上归功于艾森豪威尔的领导才能。艾森豪威尔的领导方式和方法与希特勒的几乎截然相反,这对他的成功大有裨益。

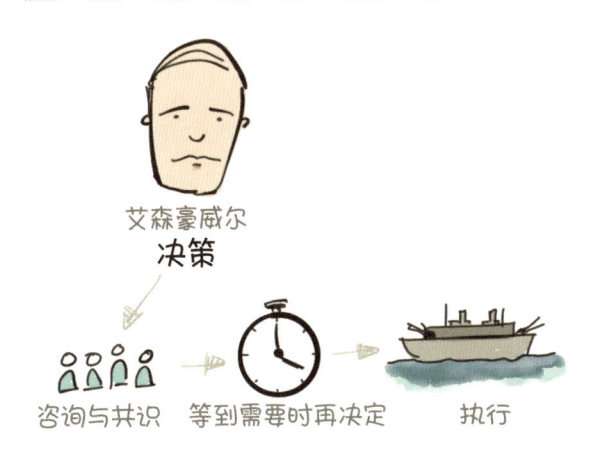

艾森豪威尔
决策

咨询与共识 → 等到需要时再决定 → 执行

第十六章
创造与创新

看图学 MBA

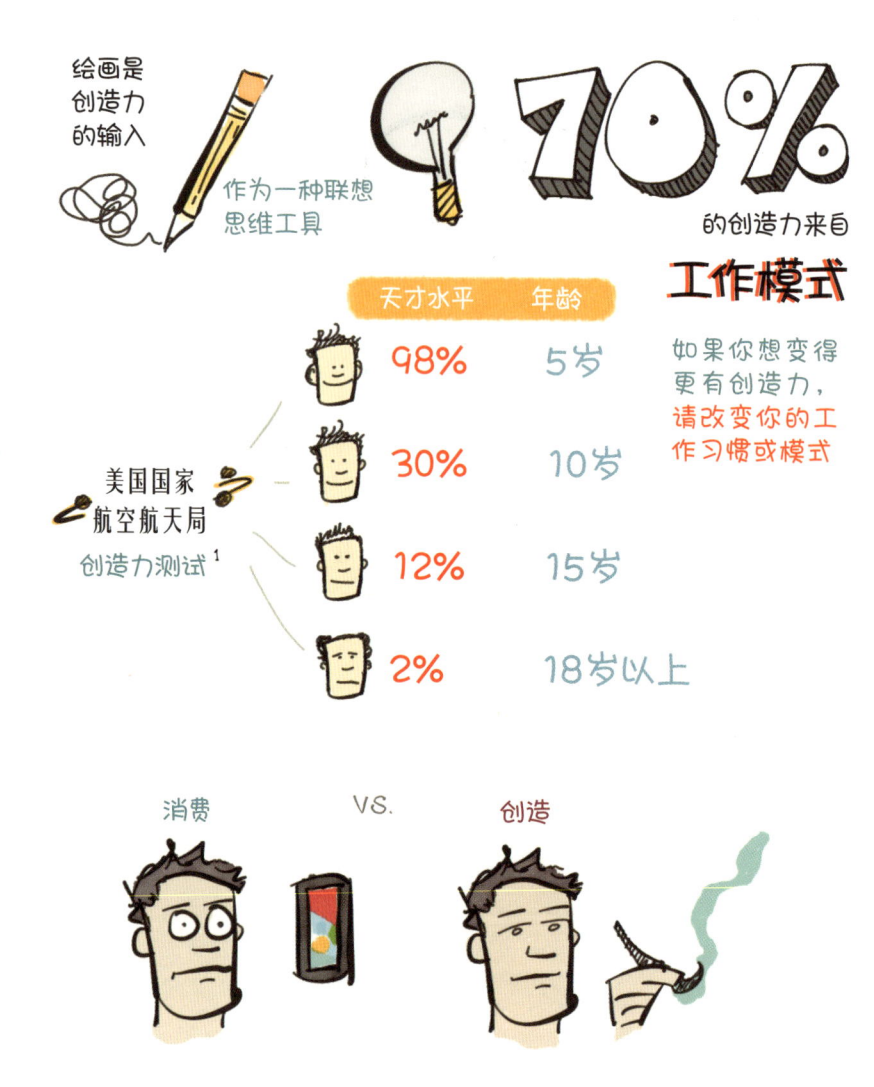

绘画是创造力的输入

作为一种联想思维工具

70% 的创造力来自 **工作模式**

如果你想变得更有创造力，请改变你的工作习惯或模式

美国国家航空航天局创造力测试[1]

天才水平	年龄
98%	5岁
30%	10岁
12%	15岁
2%	18岁以上

消费 VS. 创造

如今的问题是，大多数人把时间花在消费上，而不是创造上。做出真正的承诺，开始创造，这对你的个人生活和职业生涯都大有裨益。

第十六章 创造与创新

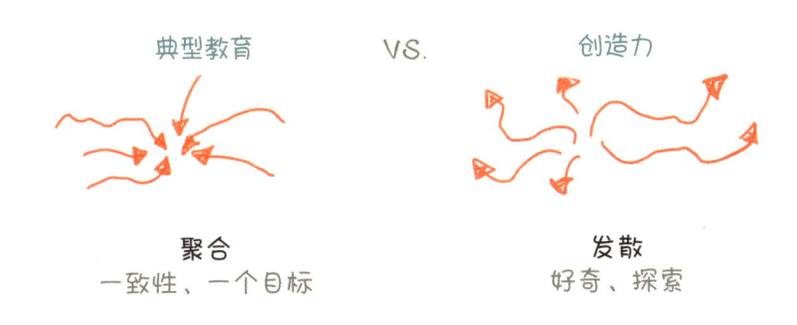

典型教育 VS. 创造力

聚合
一致性、一个目标

发散
好奇、探索

头脑风暴游戏的目的就是尽可能多地提出想法。各种疯狂的、不可行的想法都要拿出来。创意的产生在于发散。在所有想法都出现之前，抑制住你的冲动，不要对任何想法进行批判。

做到这一点后，你就可以对想法进行筛选（聚合）了。戴上你的商业思考帽，排除不好的想法。记住，只有先发散，再聚合，才能产生好的创意。[2]

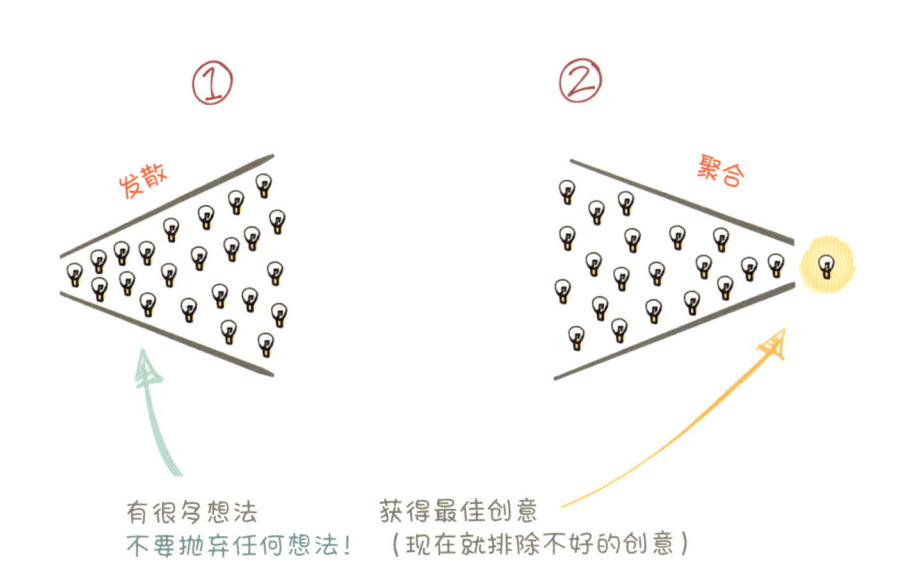

① 发散
有很多想法
不要抛弃任何想法！

② 聚合
获得最佳创意
（现在就排除不好的创意）

创意过程

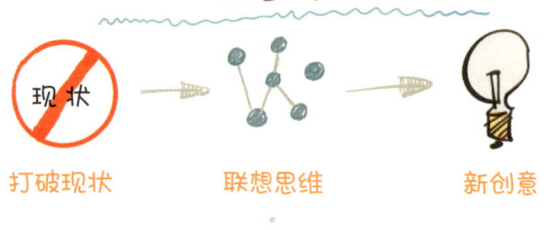

打破现状 → 联想思维 → 新创意

创意的精髓

首先，跳出传统的思维框架。然后，将你的想法与你观察到或经历过的事物联系起来。这就是创造力的精髓。不断用经验和知识充实你的"卡片目录"，然后将这些卡片进行不同的组合。

知识重组

经历会在我们的头脑中创造出新的观念

激发创造力

① 填充你的卡片目录

② 组合卡片
   - 深思熟虑地重新组合
   - 机遇偏爱有准备的头脑
   （将心思集中在问题上）

③ 寻找新的创意

创造者是快乐的，因为他们总是在充实自己的卡片目录

第十六章 创造与创新

广泛的知识/经验
广度
深度
专业知识

成为"T"型人才。[3]
成为某方面的专家，
不断扩大自己的广度。

团队拓展广度

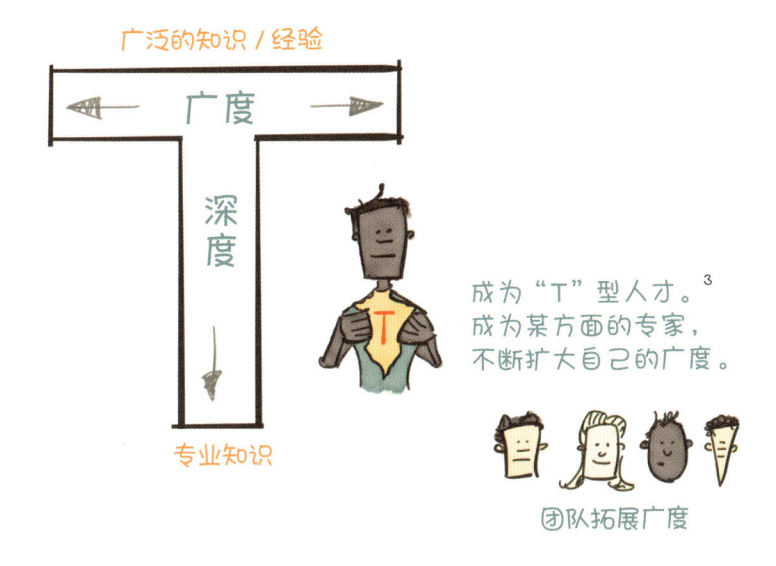

团队是拓展广度的关键。让与你不同的人参与进来，这将大大有助于扩展你的创意库。这些联想思维方法既适用于团队，也适用于个人，但我的建议是尽可能多地利用团队。

联想思维方法

暮光思维
松散思维

正确地**头脑风暴**

思维导图
非线性连接

创意日志

6 顶思考帽

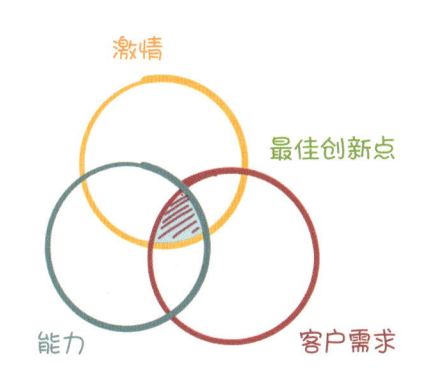

激情
最佳创新点
能力
客户需求

看图学 MBA

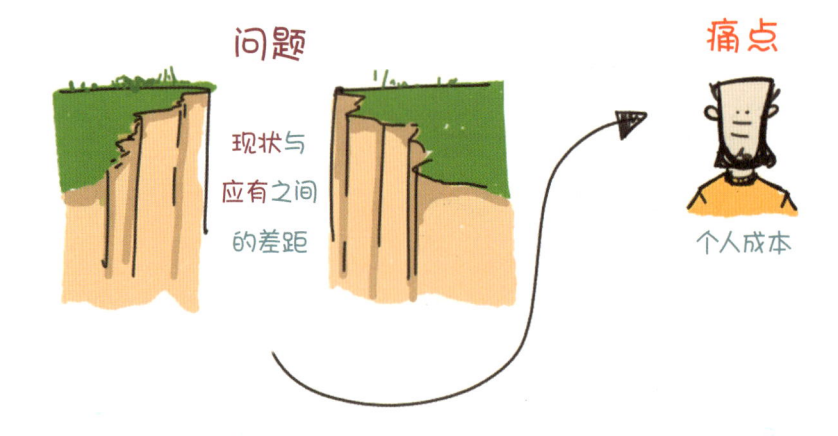

问题

现状与应有之间的差距

痛点

个人成本

即使你有一个能解决巨大问题的好创意，但如果人们不关心，他们就不会购买，哪怕是救生设备。

痛点关乎个人，人们会为个人痛点掏钱。

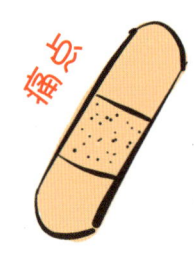

痛点

人们愿意 花钱解决的 任何问题 或未被满足的 需求

当你向顾客展示时，顾客眼前一亮，你就知道你有了一个好主意。

当解决任何问题时，你都要深入研究其复杂性。要让你的最终解决方案无比简单优雅，优雅的解决方案远胜于非优雅的解决方案，前者效力是后者的 2~4 倍。

系统创新思维（SIT）[4]是一种通过应用 5 种不同的思维模式，在现有产品的基础上进行创新的技术。

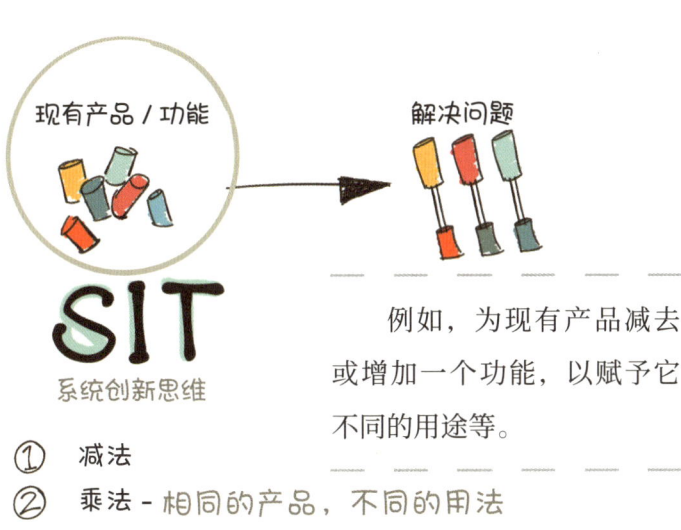

例如，为现有产品减去或增加一个功能，以赋予它不同的用途等。

① 减法
② 乘法 - 相同的产品，不同的用法
③ 除法
④ 统一任务
⑤ 打破对称

创意是一个进化的过程。从构想（第一天）开始，我们就要对创意进行测试、调整、再测试。在这个过程中，我们会获得新的知识，并对产品进行重新设计，使其最终符合愿景，并能够真正被推出。孵化创意的关键是要保持灵活机动，以适应新的信息和数据。

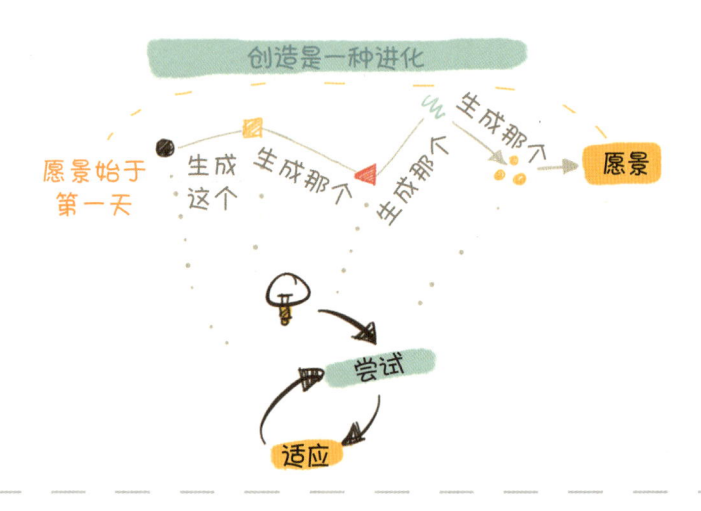

创造是一种进化

愿景始于第一天 → 生成这个 → 生成那个 → 生成那个 → 生成那个 → 愿景

尝试 ⇄ 适应

演讲嘉宾：迈克尔·李。[5]

在软成本（规划、构思）上花时间。大多数公司在软成本上的投入很少，其不利影响可能会在产品、主题公园等推出后日益显现。

40%

迪士尼生产成本的 40% 是软成本

在大多数公司里只占 10%~20%

第十六章 创造与创新

为什么会有这样的故事？······ 吸引

↓

体验　　　先把人们推到这里来

↓

可行性

↓

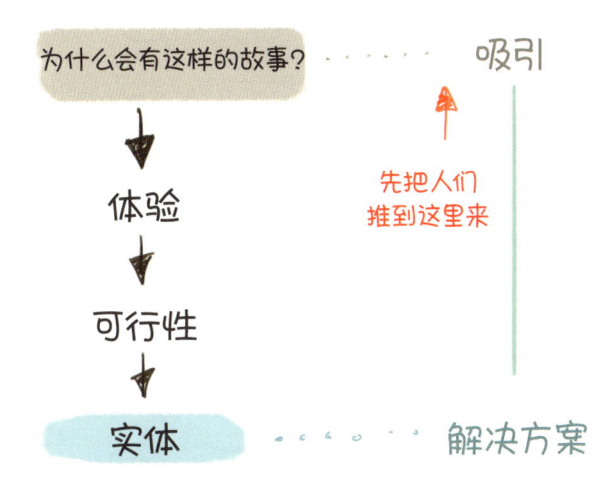

实体　······ 解决方案

人们总是想一蹴而就地找到解决方案。打住！让我们回到抽象层面——故事是什么？产品为什么存在？然后在脑海中创造体验。

不要从实体的解决方案开始……

从你脑海中的**客户体验**和软成本开始

当然，在创造之前，你需要查看数据并进行可行性研究。如果它具有商业意义，那么你就可以开始研究解决方案。

进行**可行性**研究 → 数据分析

是否具有商业意义？

谈到创新，就不能不提到哈佛商学院教授克莱顿·克里斯坦森。这家伙是个天才，他有一个高超的理论，叫作"需要完成的任务"理论。[6]

需要完成的任务

男性
20~45 岁

一家快餐连锁店想卖出更多奶昔。他们做了市场调研，并花了很多钱去了解目标客户的一切。

他们做了调查，成立了焦点小组。然后，他们改进了奶昔的配方并请来顾客品尝，结果顾客非常喜欢！

更好的浆果
口感更顺滑

但销量没有增加！

第十六章 创造与创新

45% 的奶昔是在早上卖出去的。

洞察到这一点后,快餐店的工作人员开始在司机通过免下车餐厅时拦住他们,询问他们购买奶昔的原因。他们了解到,顾客想要的是一种能让他们在上班通勤途中吃饱且一个上午都不会饿的奶昔。这就是他们所购买的奶昔需要完成的任务。

理解了顾客购买奶昔的原因(需要完成的任务)后,他们的销售额提高了7倍

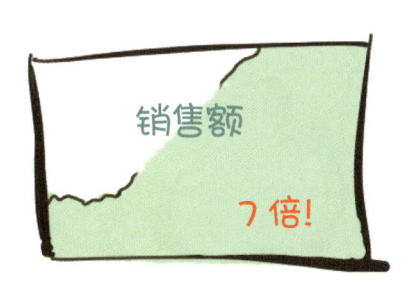

第十七章
初创企业营销要点

本章的主要内容是如何找到一个好创意，强化竞争角度，并使其盈利。经过了 20 多年的时间，这个简单的模型才逐渐完善。

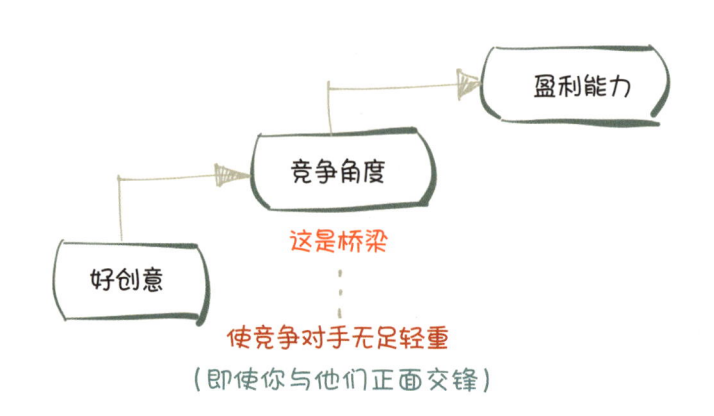

好创意 → 竞争角度 → 盈利能力

这是桥梁

使竞争对手无足轻重
（即使你与他们正面交锋）

如何创造一个好创意

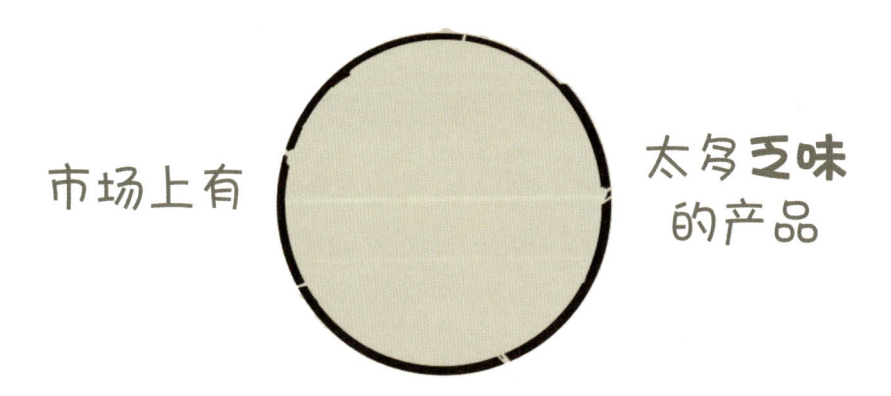

市场上有　　　　太多**乏味**的产品

第十七章 初创企业营销要点

将乏味的产品**变**得**有趣**

重塑
产品体验

你周围的世界　　　博士办公室

汽油

乏味

看图学 MBA

寻找好创意的 5 种方法

1. 解决日常痛苦

环顾四周，看看人们在苦恼什么？

2. 乘势而上

现在流行什么？利用它。

3. 噱头十足

把你的想法发挥到极致！出于某种原因，走极端的东西会赚钱。

4. 以核心产品为基础

研究最常见的产品，找到它们的核心，使其成为最好或最有趣的产品。双管齐下！

5. 猎酷

在其他国家什么最赚钱，而我们这里没有？找到它并把它带过来。

如何知道你是否有一个好创意
测试它与客户的联系

哇
因素

向人们展示产品

进行焦点小组讨论

"哇"   "不错,干得好。"

在 0 分(想法很烂)到 10 分(想法很棒,令顾客直接拿出信用卡付款)的范围内,你会给它打几分?

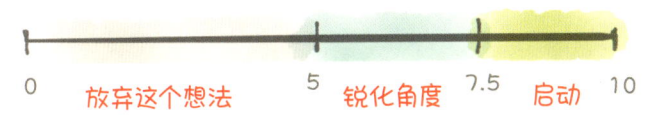

0   放弃这个想法   5   锐化角度   7.5   启动   10

组织焦点小组的步骤

↓

筛选问题

（确保小组代表你的目标）
询问小组成员："你是否使用（类似的产品）？"

↓

戴上 6 顶思考帽[1]

白色
向焦点小组陈述事实。现在不是批评的时候，只是问答。

红色
以 1~10 的评分标准询问他们的购买意愿。

黄色
认为产品有好处或对产品积极地支持。

黑色
认为产品有不足之处。这时候他们的意见会比较负面。

绿色
改进产品的想法。

蓝色
总结思考帽练习的过程和收获。

针对新产品提出的问题

按魅力值（MOJO）排序

① 是否独一无二？
② 是否有大量可满足的需求？
③ 它是否在特定的使用场景下占据主导地位？
④ 它的独特性/优势是否显而易见？（就像方形西瓜一样）
⑤ 是否有量化的证据证明产品的优越性？

这些问题都是按照魅力值（重要性）进行排序的。

它是一个痛点？ **或者** 它能让人们津津乐道？

产品的哪些方面会
让人们津津乐道？

竞争角度

① 克服障碍
- 解决痛点
- 乐趣最大化

② 与众不同
- 双管齐下
- 以奇特的产品为特色
- 反其道而行之

③ 与客户建立积极的联系
- 幽默
- 用心
- 支持一项事业
- 婴儿、儿童、宠物

（如何传递信息和打造品牌）

创意的竞争角度包括 3 个部分。一是帮助他人克服障碍，二是与众不同，三是与客户建立积极的联系。一旦你有了一个好创意，你就应该对它的竞争角度进行锐化，使其能够盈利。

- 与众不同
- 与客户建立积极的联系
- 克服障碍的产品或服务

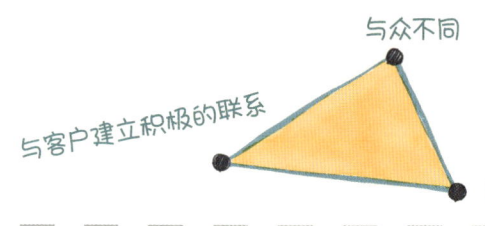

创意的竞争角度有时看起来会不平衡。你要努力打磨钝角，使其平衡。

与众不同的要素

· 显著的、自下而上的策略

→ 双管齐下
"你们便宜？我们比你们便宜一半！"
更好、更快、更便宜
加倍更好、更快、更便宜

→ 反其道而行之
牛奶 → 杏仁奶 "不是牛奶"

→ 以奇特的产品为特色
蹲便器

牛粪钟是以奇特的产品为特色并双管齐下的一个很好的例子。其唯一的限制就是供应不足，毕竟奶牛只能产生这么多粪便。

独特的产品诉求

牛粪钟

看图学 MBA

水上喷气背包原本是一种用于清洁大型船舶船舷的产品，其销量平平。后来人们借鉴了这一创意，并通过将产品用于其他场景，增加其独特性来锐化竞争角度，这使它的销量直线上升。

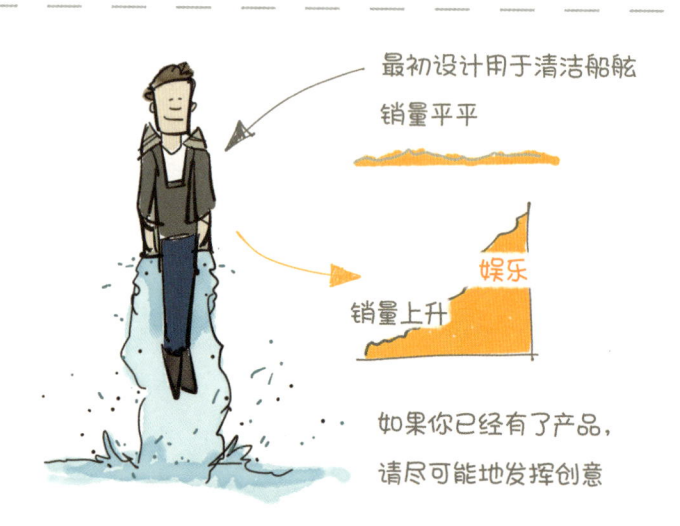

最初设计用于清洁船舷
销量平平

娱乐
销量上升

如果你已经有了产品，请尽可能地发挥创意

与客户建立积极的联系至关重要，我们要避免创造那种会与客户建立负面联系的产品。

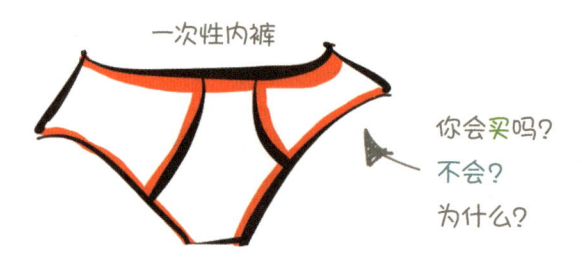

一次性内裤

你会买吗？
不会？
为什么？

"穿上它我感觉很怪异。"
负面联系

第十七章 初创企业营销要点

功能性　　　情感

提供的功能　**情感桥梁**　情感利益

销售这个，

而不是这个！

（产品的功能）

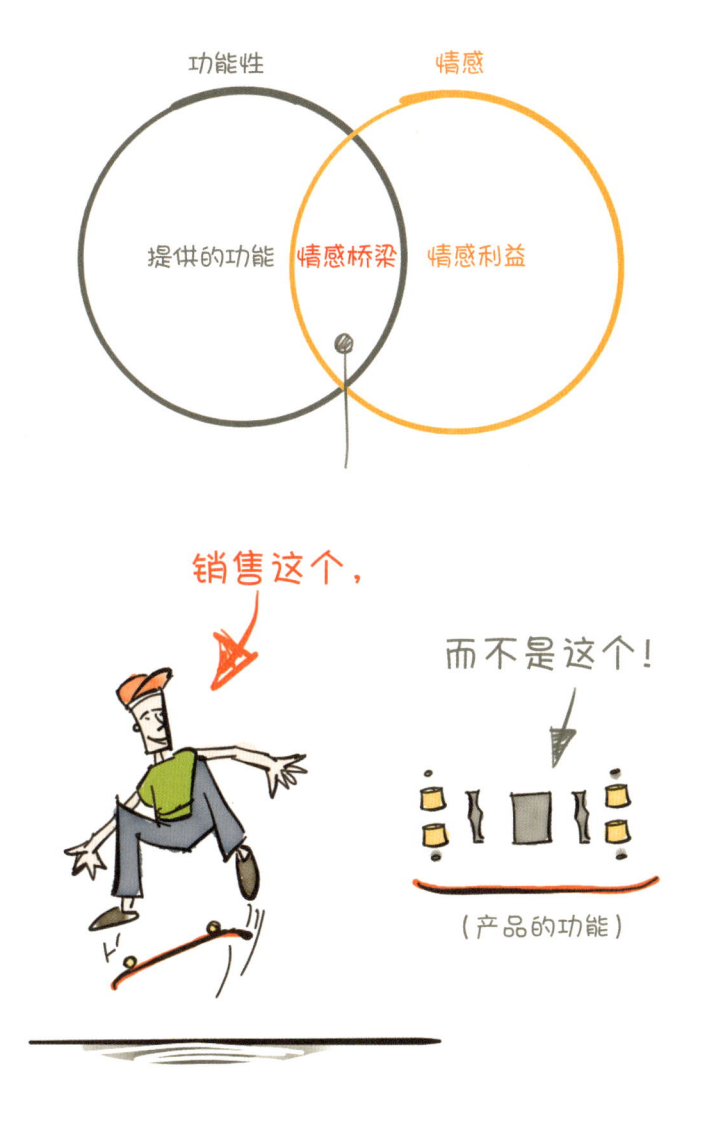

　　许多公司只注重销售产品的功能，而不是采取更有效的方法销售产品带来的利益。我们应该向潜在客户展示产品理念，激发他们的情感，与之建立积极的联系。

163

我们应该在产品的不同使用场景中发挥创意。一家公司原本以为他们的产品只适用于一种场景,但后来他们发现,客户真正想要的是可爱的感觉。这个过程是这样的。

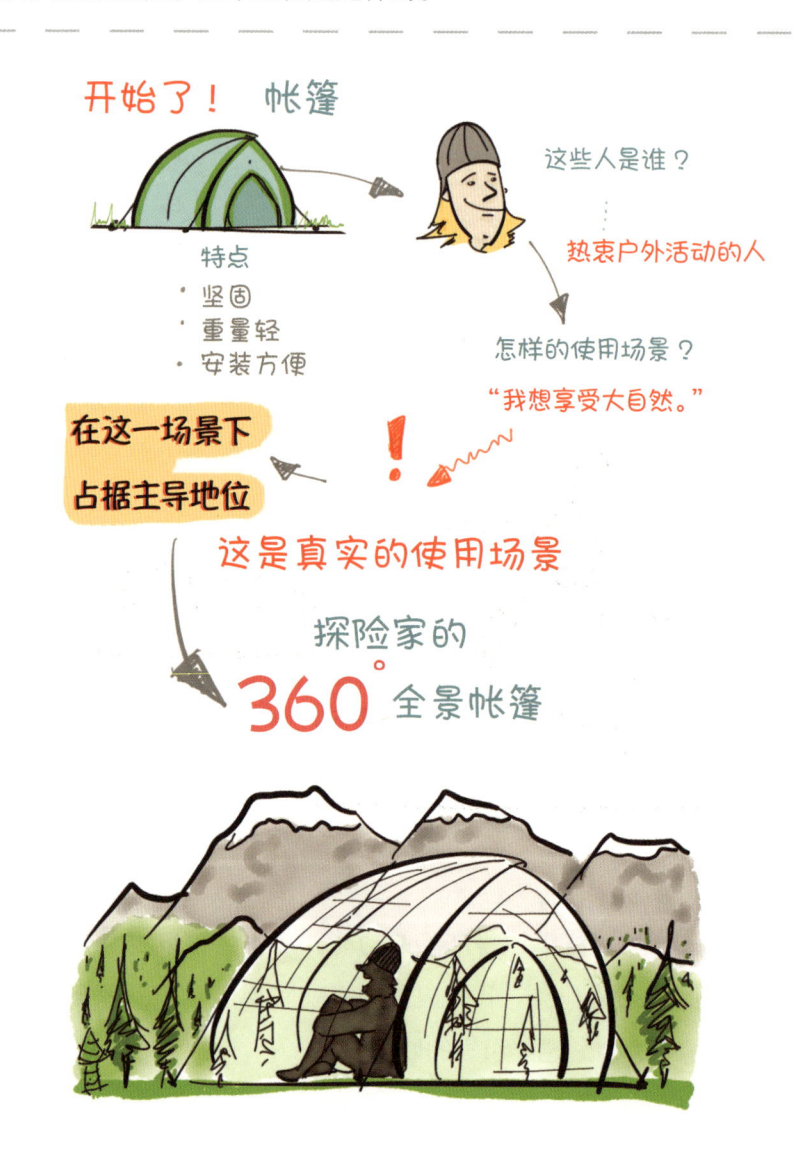

开始了! 帐篷

特点
- 坚固
- 重量轻
- 安装方便

这些人是谁?

热衷户外活动的人

怎样的使用场景?

"我想享受大自然。"

在这一场景下占据主导地位

这是真实的使用场景

探险家的 360° 全景帐篷

第十七章 初创企业营销要点

真实情况

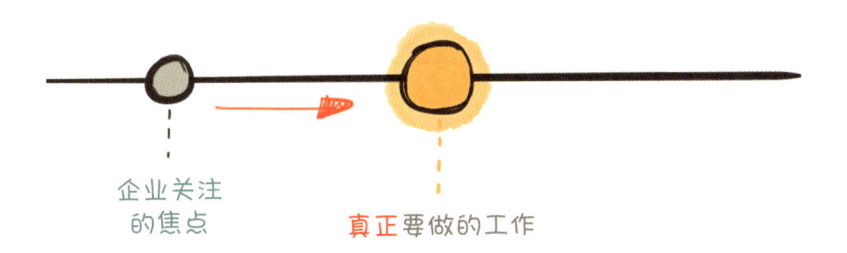

企业关注
的焦点

真正要做的工作

利用焦点小组发现真实情况

真实情况是，大多数客户使用产品的原因与设计者最初的想法不同。开展焦点小组活动可以帮助我们了解客户是如何使用产品的，这将有助于我们主导产品的使用情况。

先发现
情 况

再决定功能集

你可以把对产品的想法制作成一张表格，在左边列出目标客户，并在上面列出至少 10 种不同的使用情况，通过这个方法找到最具潜力的客户，并将重点放在他们身上。虽然你很想关注所有的客户，但你只能聚焦一类。

使用情况

	运动	健身房	孩子	医疗
母亲 21~45 岁				
人群				

（只能聚焦一类！）

哪种情况最有效？

找出特点

然后发挥到极致

目标客户对运动兴趣不大

"哇"

第十七章 初创企业营销要点

情境陈述

展开情境陈述有助于你聚焦

〔目标客户〕希望〔解决痛点/享受乐趣点〕，
但由于〔障碍〕而无法实现；〔产品〕通过〔价值创新〕
让〔目标客户〕克服〔障碍〕。

你正在寻找一个

退出战略

最好的产品让你在开始之前就
知道谁会投资你的公司

邀请他们加入你的顾问委员会！

第十八章 绩效与激励

在美式橄榄球中，如果四分卫即将被擒杀，他是应该把球扔掉还是接受擒杀呢？球队老板希望他把球扔掉，这样四分卫就不会有受伤的危险，但四分卫希望被拦截，这样他的传球完成率就会更高。如何协调两者之间的关系？这就是本章的主题。

为什么不根据胜利的场次进行激励？
无法控制
"如果无法控制，那又何必呢？"

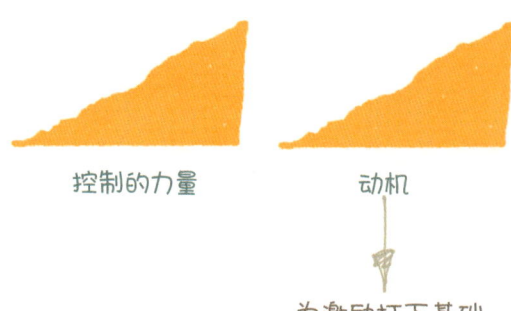

控制的力量　　动机

为激励打下基础
如果存在动机问题，就可能存在控制问题

代理理论 [1]

首席执行官　　员工
委托人　　　　代理人

自我效用最大化
（自我服务）

第十八章 绩效与激励

代理理论认为，代理人会为了自身利益而追求效用最大化。目标不一致是指委托人和代理人的目标不一致。

目标不一致

代理问题

现实情况是，人们希望在付出最少的劳动的同时获得最多的金钱。本章的内容就是要创建结构和激励机制，使企业目标与员工动机相一致。

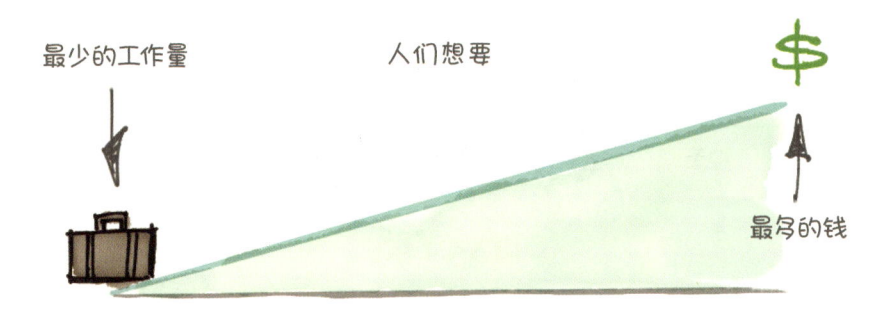

最少的工作量　　人们想要　　＄

最多的钱

看图学 MBA

管理控制系统是为了解决代理问题而存在的

激励

业务目标

组织结构 [2]

决策权　　绩效衡量标准　　激励机制

三者缺一不可，且同等重要

第十八章 绩效与激励

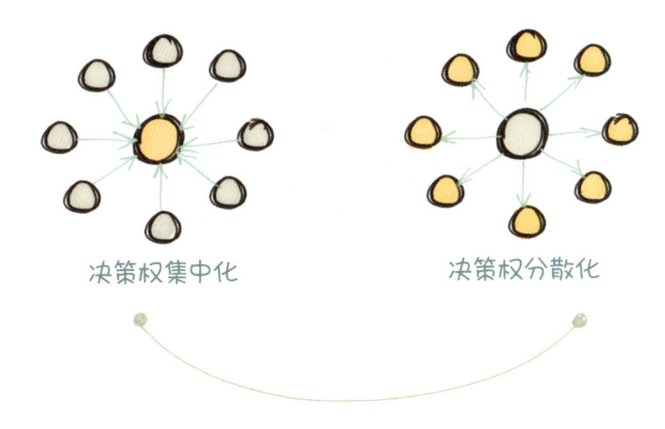

决策权集中化　　　　　决策权分散化

组织的任何转变
都需要转变衡量标准和激励机制

委托人　　　　代理人

委托人雇用代理人管理资产

代理人拥有决策权

以其工厂的 × 来衡量　以其工厂的 × 来衡量　以其工厂的 × 来衡量

即使对组织无益，代理人也会因为激励机制而各自为政

看图学 MBA

绩效衡量标准

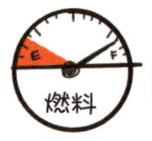

不能只关注一种衡量标准

平衡计分卡 [3]

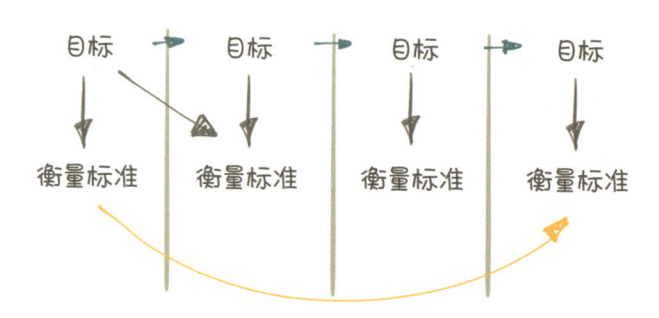

目标　目标　目标　目标

衡量标准　衡量标准　衡量标准　衡量标准

第十八章 绩效与激励

目标是可操作的、可衡量的

平衡计分卡

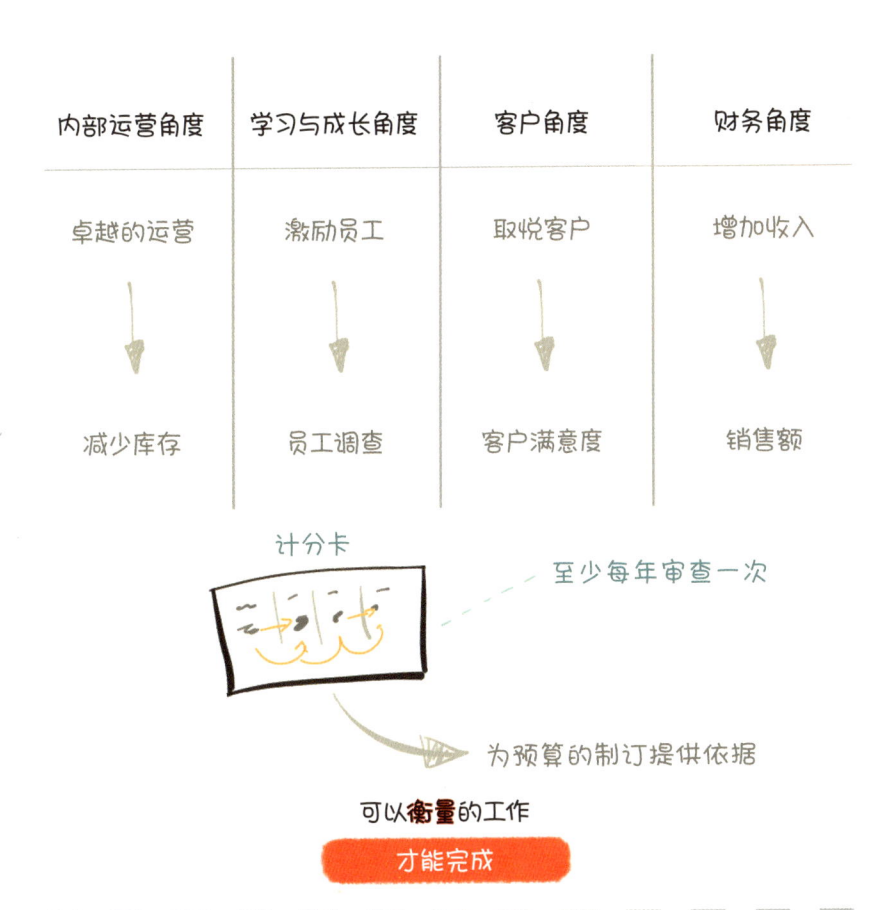

内部运营角度	学习与成长角度	客户角度	财务角度
卓越的运营	激励员工	取悦客户	增加收入
↓	↓	↓	↓
减少库存	员工调查	客户满意度	销售额

计分卡 ······ 至少每年审查一次

→ 为预算的制订提供依据

可以衡量的工作 才能完成

谨防替代倾向，以免措施本身变成了目的。例如，衡量管理人员是否与团队成员进行一对一的交流。这项措施的目的本身是帮助团队成员，但如果管理人员觉得自己做这件事只是为了在待办清单上打钩，那么这些会议的质量就会下降。

第十九章
全球管理

全球管理是指将产品或业务推向全球，同时了解当地的需求和文化，以增加成功的机会。

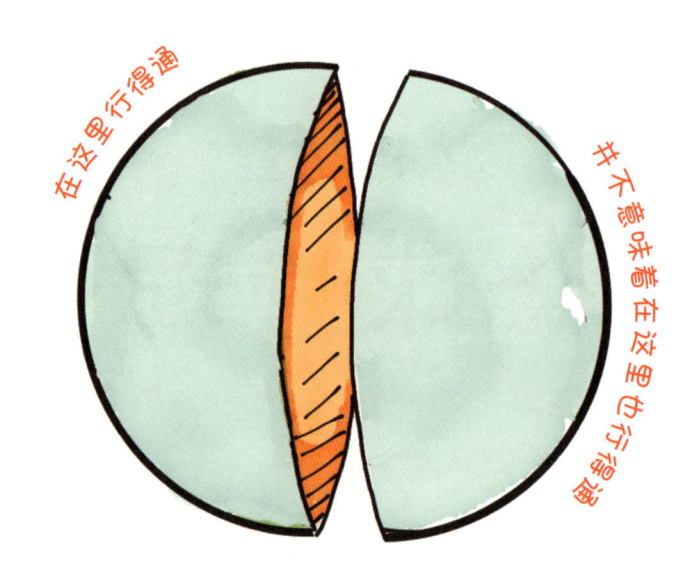

在这里行得通　　　　　　　　　　　　　并不意味着在这里也行得通

文化差异、偏好、需求

造成距离的不仅仅是地理因素

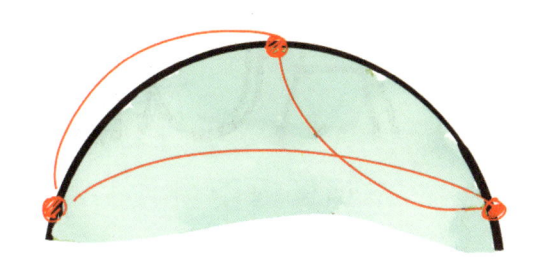

很多企业在全球开拓新市场时都曾有过失败的尝试，发现自己的产品并不能真正满足市场的需求。尽管进入像中国这样的市场很有诱惑力，但企业仍然要做好适当的准备工作，了解双方在态度、行为、期望和价值观方面的文化差异，这将大有裨益。

文化

态度
行为
期望
价值观

学习
分享
传播

由一群人产生

CAGE

距离框架[1]

距离不仅仅是由地理因素造成的。当研究国际战略时,CAGE距离框架可以帮助我们避开潜在的陷阱。

文化差异

不同的国家在语言、民族、宗教信仰、价值观和行为规范上有哪些不同?

行政差异

不同国家的政治环境如何,它们的法律制度分别是什么,使用哪种货币?

地理差异

不同国家之间的物理距离是多少,它们的时区和气候有什么差异?

经济差异

国家之间在贫富差距上有哪些不同?它们的基础建设如何,分别有什么自然资源或财政资源?

文化	行政	地理	经济

现在,你可以轻松地将这些问题的答案列成表格,以便在规划和分享战略时参考。考虑到这 4 个方面,你在拓展国际业务时就可以省去很多麻烦。

第二十章
综合运用

看图学 MBA

阅读到这里，想必你已经掌握了许多知识，下面让我们看看这一切是如何为新的创业项目服务的。希望这份参考指南能在你的创业之路上为你提供帮助！

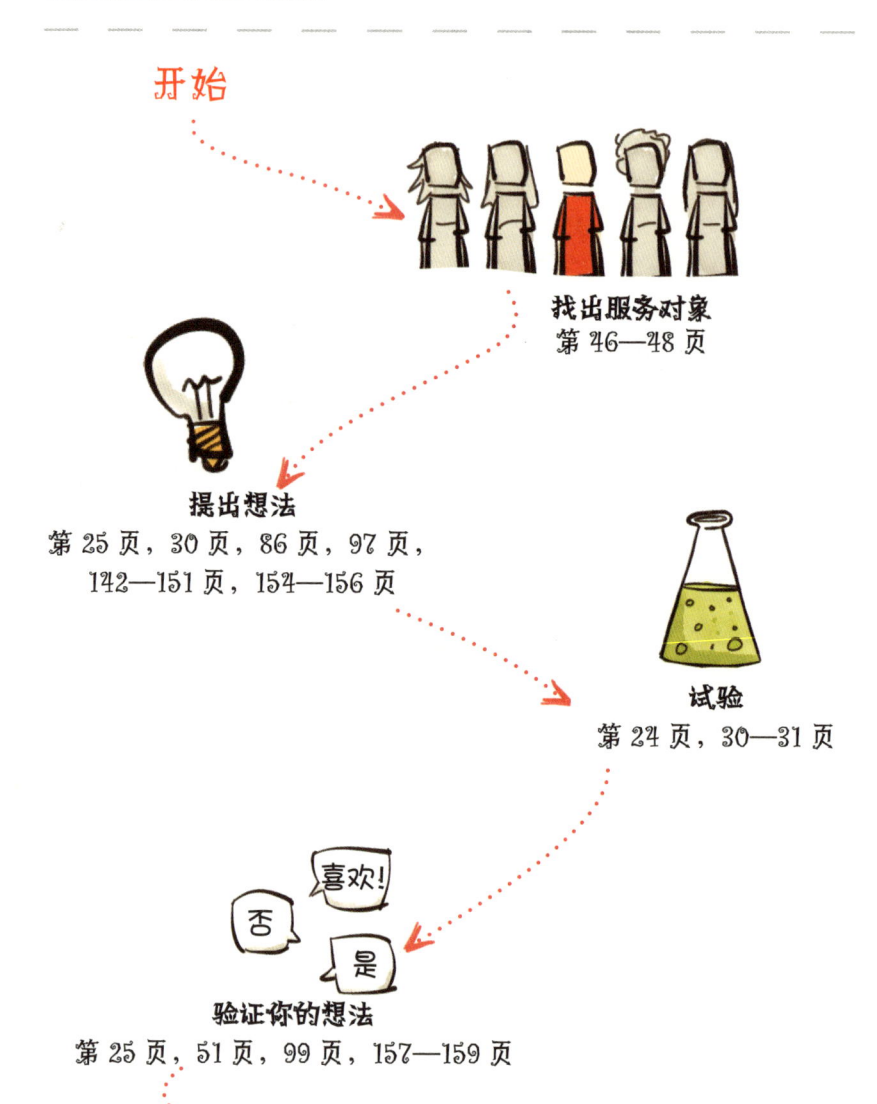

开始

找出服务对象
第 46—48 页

提出想法
第 25 页，30 页，86 页，97 页，
142—151 页，154—156 页

试验
第 24 页，30—31 页

验证你的想法
第 25 页，51 页，99 页，157—159 页

第二十章 综合运用

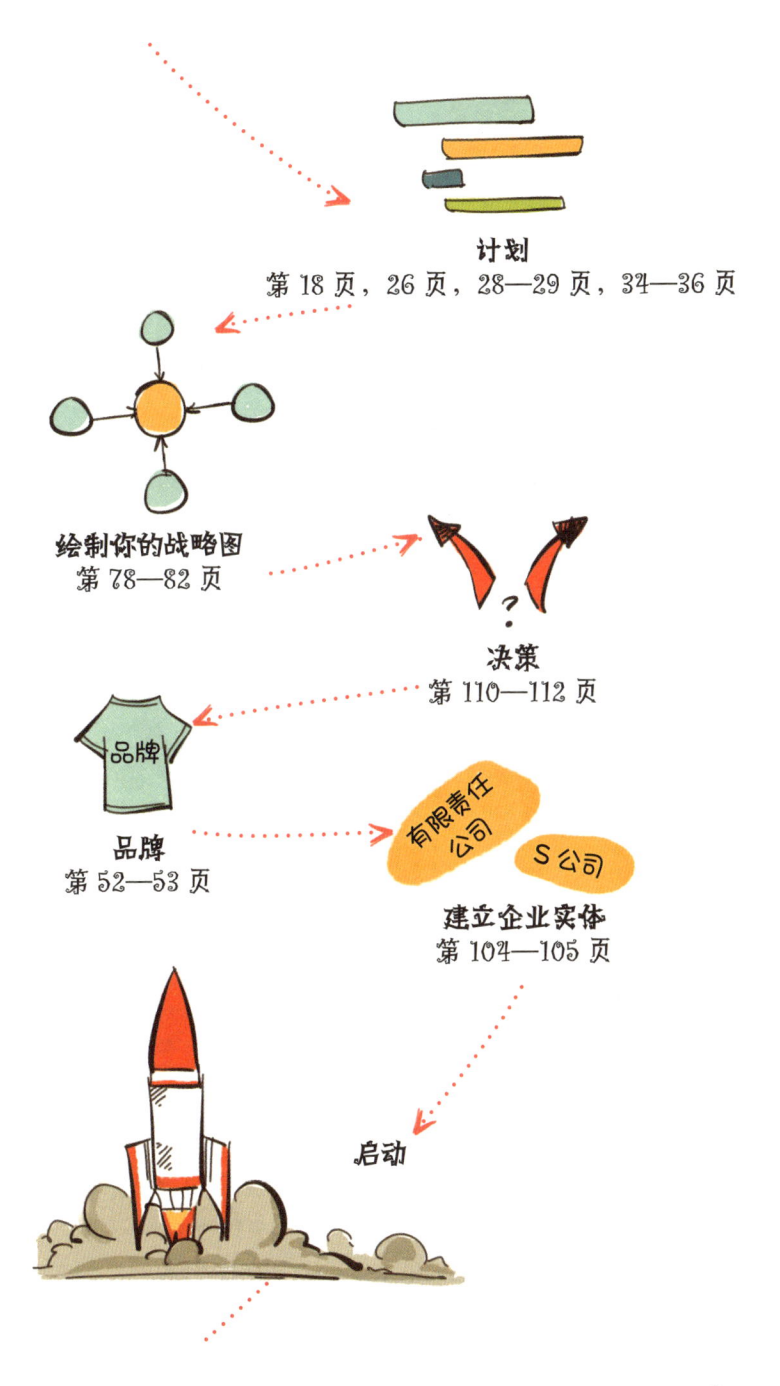

计划
第 18 页，26 页，28—29 页，34—36 页

绘制你的战略图
第 78—82 页

决策
第 110—112 页

品牌
第 52—53 页

建立企业实体
第 104—105 页

启动

看图学 MBA

新！

营销
第 46—49 页，163 页

衡量和诊断
第 12—17 页

完善产品和营销
第 49—51 页，154 页，160—162 页，164—167 页

解决问题
第 120—122 页

领导力
第 2—5 页，136—139 页

商业道德
第 90—93 页

第二十章 综合运用

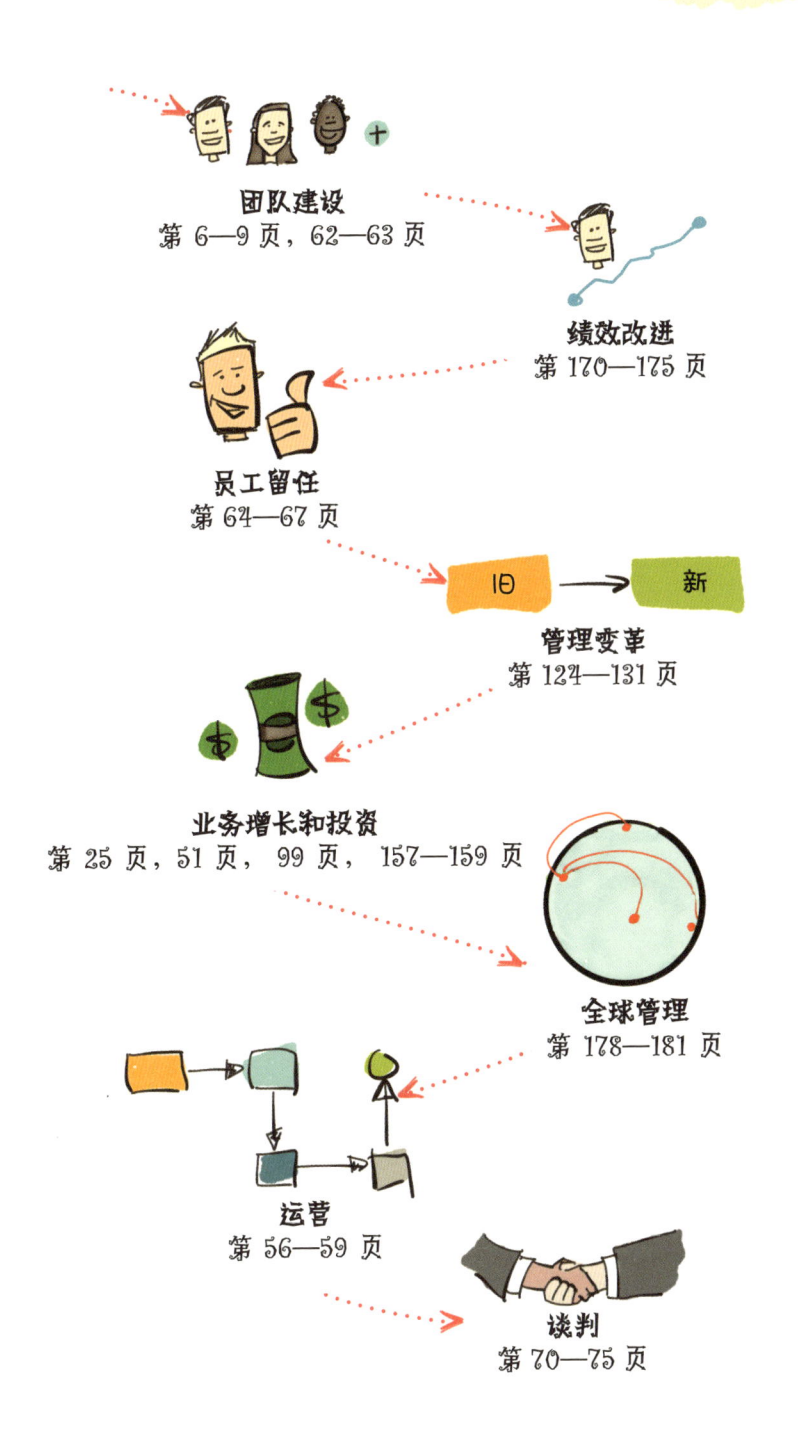

团队建设
第 6—9 页，62—63 页

绩效改进
第 170—175 页

员工留住
第 64—67 页

管理变革
第 124—131 页

业务增长和投资
第 25 页，51 页，99 页，157—159 页

全球管理
第 178—181 页

运营
第 56—59 页

谈判
第 70—75 页

结束语

感觉自己变得更聪明了？很好。你增长了见识，建立了联系，学到了新东西，现在是时候应用它们了。

70% 的学习是体验式的，现在就看你怎么做了。试用一下你学到的概念和框架，看看它们哪些有用，哪些没用，哪些可以改进。

学习永无止境。苏格拉底生活在 2 000 多年前（公元前 469—公元前 399 年），他知道自己在说什么。深入挖掘，问"为什么？"，挑战，提问，然后行动，这样你将会理解整个画面，而不是片段。你是一个艺术家，有许多画布等待你用求知欲和探索去填满。如果你还能顺便用"视觉笔记"做一些记录，那就更棒了。

如果你能采纳和应用这本书中的想法，并实践、学习和成长，那么你在这本书上花费的所有时间都将是值得的——哪怕只是一点点。

感谢你购买并阅读这本书。我期待着听到你在应用这些概念时的经验和见解。

谨致问候

贾森·巴伦

参考文献

第一章

1. Ulrich, Dave, and Norm Smallwood. "Building a Leadership Brand." *Harvard Business Review*, July–August 2007.
2. Ulrich, Dave, and Norm Smallwood. "Five Steps to Building Your Personal Leadership Brand." *Harvard Business Review*, December 2007.
3. Goman, Carol K. "Seven Seconds to Make a First Impression." *Forbes*, February 2011. https://www.forbes.com/sites/carolkinseygoman/2011/02/13/seven-seconds-to-make-a-first-impression/#4d31f1dd2722.
4. Pink, Daniel H. *Drive: The Surprising Truth About What Motivates Us*. New York: Riverhead Books, 2009.
5. Lindquist, Rusty. "Finding Your Own Personal Sweet Spot." *Life Engineering blog*, August 2008. https://life.engineering/finding-your-own-personal-sweet-spot/.
6. Professor Sumantra Ghoshal. Speech at World Economic Forum in Davos, Switzerland (n.d.). https://www.youtube.com/watch?v=UUddgE8rIoE.
7. Schwartz, Tony, and Catherine McCarthy. "Manage Your Energy, Not Your Time." *Harvard Business Review*, October 2007.
8. Dyer, William G., W. Gibb Dyer, Jr., and Jeffrey H. Dyer. *Team Building: Proven Strategies for Improving Team Performance* (4th ed.). San Francisco: Jossey-Bass, 2007.

第三章

1. Ideo. "How to Prototype a New Business." Blog entry. https://www.ideou.com/blogs/inspiration/how-to-prototype-a-new-business.
2. Mankin, Eric. "Can You Spot the Sure Winner?" *Harvard Business Review*, July 2004.
3. Levy, Steven. *The Perfect Thing: How the iPod Shuffles Commerce, Culture, and Coolness*. New York: Simon & Schuster, 2007.
4. https://dschool.stanford.edu/resources.

第四章

1. Monte Swain. "The Management Process." In "Management Accounting and Cost Concepts," Chapter 15 in W. Steve Albrecht et al., *Accounting: Concepts and Applications*. Boston: Cengage Learning, 2007.

第六章

1. Reynolds, Thomas J., and Jonathan Gutman. "Laddering Theory, Method, Analysis, and Interpretation." *Journal of Advertising Research*, February/March 1988.
2. Sinek, Simon. "How Great Leaders Inspire Action." TED Talk given in Puget Sound, Washington, September 2009. https://www.ted.com/talks/simon_sinek_how_great_leaders_inspire_action.

第七章

1. Gray, Ann E., and James Leonard. "Process Fundamentals." Harvard Business School Background Note 696-023, September 1995. (Revised July 2016.)

第八章

1. Hackman, J. Richard, and Greg R. Oldham. "Development of the Job Diagnostic Survey." *Journal of Applied Psychology*, 60, 1975, pp. 159–170.
2. Herzberg, Frederick. "The Motivation-Hygiene Concept and Problems of Manpower." *Personnel Administrator*, 27, January–February 1964, pp. 3–7.
3. Dyer, William G., W. Gibb Dyer, Jr., and Jeffrey H. Dyer. *Team Building: Proven Strategies for Improving Team Performance* (4th ed.). San Francisco: Jossey-Bass, 2007.

第九章

1. Forsyth, D. R. *Group Dynamics*. Belmont, MA: Wadsworth, Cengage Learning, 2010, 2006.
2. Fisher, Roger, Bruce Patton, and William Ury. *Getting to Yes: Negotiating Agreement Without Giving In*. Rev. ed. New York: Penguin Books, 2011.
3. Diamond, Stuart. *How You Can Negotiate to Succeed in Work and Life*. New York: Crown Business, 2012.

第十章

1. Porter, Michael. "How Competitive Forces Shape Strategy." *Harvard Business Review*, March 1979.

2. Porter, Michael. "What Is Strategy." *Harvard Business Review*, November/December 1996.
3. Barney, J. B., and W. S. Hesterly. "VRIO Framework." In *Strategic Management and Competitive Advantage*. Upper Saddle River, NJ: Pearson, 2010, pp. 68–86.
4. Kim, W. C., and R. Mauborgne. *Blue Ocean Strategy: How to Create Uncontested Market Space and Make the Competition Irrelevant*. Boston: Harvard Business Review Press, 2005.

第十二章

1. Drucker, Peter F. *Innovation and Entrepreneurship*. New York: HarperBusiness, 2006.

第十三章

1. Hammond, John S., Ralph L. Keeney, and Howard Raiffa. *Smart Choices: A Practical Guide to Making Better Decisions*. Boston: Harvard Business Review Press, 2015.
2. Kahneman, Daniel. *Thinking, Fast and Slow*. New York: Farrar, Straus and Giroux, 2013.
3. Tversky, Amos, and Kahneman, Daniel. "Availability: A heuristic for judging frequency and probability." *Cognitive Psychology*, 5 (2), 1973, pp. 207–232.
4. Kahneman, Daniel, and Tversky, Amos. "Subjective probability: A judgment of representativeness." *Cognitive Psychology*, 3 (3), 1972, pp. 430–454.
5. Kahneman, Daniel, and Tversky, Amos. "Prospect Theory: An Analysis of Decision under Risk." *Econometrica*, 47 (2), 1979, pp. 263.
6. Tversky, A, and Kahneman, D. "Judgment under Uncertainty: Heuristics and Biases." *Science*, 185 (4157), 1974, pp. 1124–1131.
7. Lichtenstein, Sarah, Fischhoff, Baruch, and Phillips, Lawrence D. "Calibration of probabilities: The state of the art to 1980." In Kahneman, Daniel, Slovic, Paul, and Tversky, Amos. *Judgment Under Uncertainty: Heuristics and Biases*. Cambridge, U.K.: Cambridge University Press, 1982, pp. 306–334.

8. Kunda, Z. "The case for motivated reasoning." *Psychological Bulletin*, 108 (3), 1990, pp. 480–498.

第十四章

1. Doran, G. T. "There's a S.M.A.R.T. Way to Write Management's Goals and Objectives." *Management Review*, AMA FORUM, 70 (11), 1981, pp. 35–36.
2. Lewin, Kurt. "Frontiers in Group Dynamics: Concept, Method and Reality in Social Science; Social Equilibria and Social Change." *Human Relations*, 1, 1947, pp. 5–41.
3. Bridges, William. *Managing Transitions*. Boston: Nicholas Brealey Publishing, 2009.
4. Ibid.

第十六章

1. Ainsworth-Land, George T., and Beth Jarman. *Breakpoint and Beyond: Mastering the Future—Today*. Champaign, IL: HarperBusiness, 1992.
2. Gray, Dave, Sunni Brown, and James Macanufo. *Gamestorming*. Sebastopol, CA: O'Reilly Media, 2010.
3. "The Hunt Is on for the Renaissance Man of Computing," in *The Independent*, September 17, 1991.
4. Created by Ginadi Filkovsky, Jacob Goldenberg, and Roni Horowitz.
5. Michael Lee, http://mldworldwide.com.
6. Clayton, Christensen, et al. "Know Your Customers' 'Jobs to be Done'." *Harvard Business Review*, September 2016.

第十七章

1. de Bono, Edward. *Six Thinking Hats: An Essential Approach to Business Management*. Boston: Little, Brown & Company, 1985.

第十八章

1. Eisenhardt, K. "Agency Theory: An Assessment and Review." *Academy of Management Review*, 14 (1), 1989, pp. 57–74.

2. Gupta, Mahendra R., Antonio Davila, and Richard J. Palmer. https://olin.wustl.edu/EN-US/Faculty-Research/research/Pages/performance-effects-organizational-architecture.aspx.
3. Kaplan, Robert S, and Norton, D. P. *The Balanced Scorecard: Translating Strategy into Action*. Boston: Harvard Business Review Press, 1996.

第十九章

1. Framework created by Pankaj Ghemawat, http://www.ghemawat.com/.

致谢

我要特别感谢了不起、支持我、耐心、坚强、美丽的妻子杰基。在我完成整个 MBA 课程以及创作这本书的过程中,她总是鼓励我,从未抱怨过,同时还要抚养我们的 5 个孩子。

我还要感谢那些了不起的同学,他们让我受益匪浅,将是我一生的朋友。

我衷心感谢所有让我的 MBA 经历充满挑战和收获的顶尖教授:柯蒂斯·勒巴伦、迈克尔·汤普森、吉姆·斯蒂斯、尼罗·哈奇、蒙特·斯温、科尔比·赖特、克莱顿·克里斯坦森、迈克尔·斯文森、丹尼尔·斯诺、辛迪·沃林、约翰·宾厄姆、彼得·马德森、布鲁斯·莫尼、马克·汉森、布拉德·阿格尔、吉姆·布劳、比尔·泰勒、道格·普拉维特、保罗·戈弗雷、加里·罗兹、戴维·惠特拉克。最后是史蒂夫·史密斯和比尔·泰勒。

我要感谢我的母亲费思,她总是教导我无论多么小的项目都要拿出最好的作品。感谢我出色的哥哥马特的反馈和支持。感谢我的经纪人戴维·福盖特,以及霍顿·米夫林·哈考特出版公司不可思议的团队。